BRAZILIAN

PORTUGUESE

DIA A DIA

PARTE 1

BOOKS **1-2-3** AND **4** IN ONE BOOK

© Edinaldo do Espírito Santo

http://london-portugueselessons.co.uk
http://www.londonlessons.org

London Lessons
Learning with confidence

DIA A DIA
Edinaldo E. Santo

©2013 Edinaldo E. Santo

Simultaneously published in Europe, USA and other Countries.

All rights reserved. No part of this book may be reproduced in any form or by any means, including photocopying, recording, taping or in any information storage and retrieval system, without the prior permission in writing of the author.

ISBN-13: 978-1-4936-3958-8

Cover pictures: Fernando E. Santo

Other books by the same author:

DIA A DIA – book 2 (grammar book)

Brian Brown Bear and the Strange Horrid Smell (picture book for children)

O urso Brian Brown e o estranho e horrível cheiro (in Portuguese)

First Friend (picture book for children)

Primeiro Amigo (in Portuguese)

(THIS BOOK IS DIVIDED IN FOUR PARTS. CONTENTS BELOW ARE FOR PART ONE)

DIA A DIA
Edinaldo E. Santo

Contents

PARTE 1 (PART ONE)

Some verbs used in this book --→2
Pronouns --→3
Verb TO BE (ESTAR) affirmative, negative, interrogative forms --→4
The alphabet: How do you say/spell...? --→5
Definite/indefinite articles singular and plural --→6
The family --→7
Greetings, possessive pronouns --→8
Farewell --→10
Numbers: Age and the verb TO HAVE --→12
Verb TO BE: SER and ESTAR --→13
Asking origin, age II, Countries and Cities, the verb TO HAVE --→14
Introducing oneself, TO BE BORN --→15
Nouns: Masculine, feminine, neutral, concrete and abstract --→16
Professions and occupations --→18
Introducing someone: Demonstrative pronouns --→22
Day to day expressions: TO BE , TO HAVE, TO FEEL --→24
New verbs: TO SPEAK, UNDERSTAND, STUDY, KNOW + day to day expressions --→25

DIA A DIA
Edinaldo E. Santo

ALGUNS VERBOS USADOS NESTE LIVRO.   (SOME VERBS USED IN THIS BOOK)

CHAMAR-SE (TO BE CALLED)	**ESTAR** (TO BE – TEMPORARY)	**ESTUDAR** (TO STUDY)	**FALAR** (TO SPEAK)
Eu me chamo	Eu estou	Eu estudo	Eu falo
Você se chama	Você está	Você estuda	Você fala
Ele se chama	Ele está	Ele estuda	Ele fala
Ela se chama	Ela está	Ela estuda	Ela fala
Nós nos chamamos	Nós estamos	Nós estudamos	Nós falamos
Vocês se chamam	Vocês estão	Vocês estudam	Vocês falam
Eles/as se chamam	Eles/as estão	Eles/as estudam	Eles/as falam

SOLETRAR (TO SPELL)	**TRABALHAR** (TO WORK)	**CONHECER** (TO KNOW) A PERSON, A PLACE	**DIZER** (TO SAY)
Eu soletro	Eu trabalho	Eu conheço	Eu digo
Você soletra	Você trabalha	Você conhece	Você diz
Ele soletra	Ele trabalha	Ele conhece	Ele diz
Ela soletra	Ela trabalha	Ela conhece	Ela diz
Nós soletramos	Nós trabalhamos	Nós conhecemos	Nós dizemos
Vocês soletram	Vocês trabalham	Vocês conhecem	Vocês dizem
Eles/as soletram	Eles/as trabalham	Eles/as conhecem	Eles/as dizem

ENTENDER (TO UNDERSTAND)	**NASCER** (TO BE BORN) (Simple Past Tense)	**SABER** (TO KNOW) KNOWLEDGE	**SER** (TO BE – PERMANENT OR LONG TERM)
Eu entendo	Eu nasci	Eu sei	Eu sou
Você entende	Você nasceu	Você sabe	Você é
Ele entende	Ele nasceu	Ele sabe	Ele é
Ela entende	Ela nasceu	Ela sabe	Ela é
Nós entendemos	Nós nascemos	Nós sabemos	Nós somos
Vocês entendem	Vocês nasceram	Vocês sabem	Vocês são
Eles/as entendem	Eles/as nasceram	Eles/as sabem	Eles/as são

TER (TO HAVE)	PRECISO (TO NEED)	FRIO (cold)	
Eu tenho			
Você tem			
Ele tem			
Ela tem			
Nós temos			
Vocês têm			
Eles/as têm			

ESTAR – SER – DIZER AND **TER** ARE COMPLETELY IRREGULAR VERBS.
CONHECER IS IRREGULAR IN THE FIRST PERSON, BUT STILL ENDS IN **O**
SABER IS IRREGULAR IN THE FIRST PERSON.

(IN PORTUGUESE, VERBS IN THE INFINITIVE FORM HAVE THREE ENDINGS:
AR– ER – IR). EX: FAL**AR**= TO SPEAK, ENTEND**ER**= TO UNDERSTAND, PART**IR**= TO LEAVE.

DIA A DIA
Edinaldo E. Santo

PRONOMES

EU
VOCÊ (TU) *[FORMAL in Brazilian]*
ELE
ELA

formal in European Portuguese →

NÓS
VOCÊS (VÓS)
ELES/ELAS

I
YOU
HE
SHE
WE
YOU
THEY

VERBO **ESTAR** (TO BE) – presente simples

(Forma afirmativa)

Eu	estou
Você	está
Ele/Ela	está
Nós	estamos
Vocês	estão
Eles/Elas	estão

I AM
YOU ARE
HE/SHE IS
WE ARE
YOU GUYS ARE
THEY ARE

DIA A DIA
Edinaldo E. Santo

Verbo Estar - Presente Simples

Forma afirmativa

Eu----------------------estou
Você---------------------está
Ele/Ela----------------está   bem.
Nós----------------------estamos
Vocês-------------------estão
Eles/Elas--------------estão

I AM
YOU ARE
HE/SHE IS **FINE**
WE ARE
YOU GUYS ARE
THEY ARE

Forma negativa

Eu-------------não---------estou
Você----------não----------está
Ele/Ela-------não---------está   bem.
Nós-------------não--------estamos
Vocês---------não---------estão
Eles/Elas----não--------estão

I AM NOT
YOU ARE NOT
HE/SHE IS NOT **FINE**
WE ARE NOT
YOU ARE NOT
THEY ARE NOT

Forma interrogativa

Eu------------------ estou----------------
Você--------------- está------------------
Ele/Ela------------ está------------------   bem?
Nós----------------- estamos------------
Vocês-------------- estão----------------
Eles/Elas---------- estão----------------

AM I?
ARE YOU?
IS HE/SHE **FINE?**
ARE WE?
ARE YOU?
ARE THEY?

DIA A DIA
Edinaldo E. Santo

5

O Alfabeto Português

A	B_ee_	C_ea_	D_ea_	E_ea_	F_ehfay_
G_eh_	H_aga_	I_e_	J_otA_	L_elle_	M_ea_
N_ee_	O	P_ee_	Q_e_	R_ehe_	S_see_
T_ee_	U_ou_	V_ey_	X_shis_	Z_ze_	

K/ W/ Y - In January 2009 they were added to the Portuguese alphabet.
Ka W ipslong

Como você soletra?
How   do you   spell?

- ❖ CASA – house
- ❖ FILHO – son
- ❖ ESPOSA – wife
- ❖ CIDADE – city
- ❖ AMIGO – friend

How do you spell the word
Como você soletra a palavra_____ **em português?**
Como você soletra a palavra_____? (Como se soletra)

How do you say the word
Como você diz a palavra_____ **em português?** (Como se diz)
Como você diz_____**em português?**

LONDON – BEER – FRIEND – HOUSE
LONDRES CERVAIS AMIGO CASA

DIA A DIA
Edinaldo E. Santo

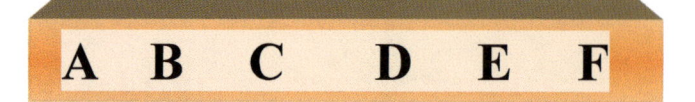

A B C D E F

Artigos e Singular/Plural

o, a, os, as   -definidos

um, uma, uns umas   -indefinidos

THE	A, AN,	SOME	
o, os,	um,	uns	Before masculine nouns.
a, as,	uma,	umas	Before feminine nouns.

Exemplos:

o amigo……………..…...um amigo – (m) FRIEND

os filhos………………... uns filhos – SON

a amiga………………...uma amiga – (f) FRIEND

as filhas……………......umas filhas – daughter

Exercícios:

1) Coloque o artigo definido correto: **o, a, os, as** (Put the correct definite article.)

a) **os** sapatos – The shoes   b) **o** rato – The RAT   c) **a** camisa – The jacket/shirt   d) **a** esposa – WIFE
e) **a** irmã – SISTER   f) **a** festa – PARTY   g) **as** crianças – children   h) **o** tio – UNCLE
i) **o** carro – CAR   j) **os** gatos – CATS   k) **a** amiga (f) FRIEND   l) **os** amigos (m) FRIEND

2) Coloque o artigo indefinido correto: **um, uma, uns, umas**

a) **uma** irmã – SISTER   b) **um** filho – SON   c) **um** pai – FATHER   d) **uma** mãe – mother   e) **umas** frutas – FRUIT
f) **uma** festa – party   g) **umas** família – family   h) **uns** países – countries   i) **um** país – country   j) **uma** música – music
k) **uma** criança   l) **umas** ruas – street   m) **um** esposo – husband   n) **uns** amigos   o) **un** carro – CAR

First rule of plural forms: Most words ending in a vowel will make their plural adding an S to the singular form:

Singular	Plural	Words ending in M = NS
A casa	As casas	O home**m** = os home**ns**
O carro	Os carros	Um home**m** = Uns home**ns**

DIA A DIA
Edinaldo E. Santo

A família

[7]

Photo labels:
- o gringo
- a mãe
- a esposa
- a irmã (sister)
- a filha 1 (daughter)
- a filha 2
- o sobrinho

Speech bubble: Oi. Eu sou o Fernando. Filho (son), irmão (bro), tio, esposo, pai
e-fe-io – and ugly

	(grandmother) avó	THE GRANDPARENTS **OS AVÓS**		(grandfather) avô	
	(mother) **A MÃE**	----→ THE PARENTS **OS PAIS**	←----------	(father) **O PAI**	
	(daughter) Filha	THE children **OS FILHOS**		(son) Filho	

- ❖ O pai = Father
- ❖ A mãe = Mother
- ❖ Os pais = parents

- ❖ O filho = son
- ❖ A filha = daughter
- ❖ Os filhos = children

- ❖ O esposo = husband
- ❖ O marido = husband

- ❖ A esposa = wife
- ❖ A mulher

- ❖ O irmão = Brother
- ❖ A irmã = Sister
- ❖ Os irmãos = siblings

- ❖ O tio = uncle
- ❖ A tia = aunt
- ❖ Os tios = uncle/aunts

- ❖ O primo = cousin (m)
- ❖ A prima = cousin (F)
- ❖ Os primos = cousins

CUMPRIMENTOS

Oi. } Hi
Olá.

Como está? *How are you*   Eu estou bem, obrigado (a). E você?

Como vai?   Tudo bem, obrigado (a).

Tudo bem? *You good*   Tudo bem.

Formal

Bom dia. *good dia*
Boa tarde.
Boa noite. *good nite*

Como vai o senhor? *how goes you (m)*   Estou muito bem, obrigado. E o senhor?

Como está a senhora?   Eu estou bem, obrigada.

Como está sua esposa?   Minha esposa está bem, obrigado.

Como está seu esposo?   Meu esposo vai bem, obrigada. E o seu? *soao*

Como está a família?   Minha família está bem. E a sua?

Como vai sua família?   Muito bem, obrigado(a).

Bom dia. Como está a família?

Pronomes:

YOUR	MY		YOURS

(MASC) Seu(s) ----→ Meu(s)   - Como está seu irmão?
                                - Meu irmão está bem.   E o seu?

(FEM)   Sua(s) ----→ Minha(s) - Como estão suas primas? *cousin*
                                - Minhas primas estão bem. E as suas?

DIA A DIA
Edinaldo E. Santo

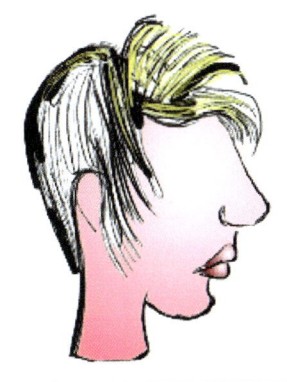

⑨

Diálogos

A

A: - Oi, _Keith_. Tudo bem?
B: - Oi, _Vince_. tudo bem. E você?
A: - Eu estou muito bem, obrigado. Como está sua família?
B: - Minha família está bem. E a sua?
A: - Muito bem, obrigado(a). very good thanks

B

Paulo: - Bom dia, seu (MR) João. Como está o senhor?
João: - Bom dia, seu (MR) Paulo. Estou bem. E o senhor, como está?
Paulo: - Eu estou bem. Como está sua esposa?
João: - Ela está bem, obrigado.

dona = miss

Verbo estar – presente simples

forma afirmativa	forma negativa	forma interrogativa
Eu estou	Eu não estou	Eu estou?
Você está	Você não está	Você está?
Ele/ela está	Ele/ela não está	Ele/ela está?
Nós estamos	Nós não estamos	Nós estamos?
Vocês estão	Vocês não estão	Vocês estão?
Eles/elas estão	Eles/elas não estão	Eles/elas estão?

Lição de casa – (homework)

Exercício:

1) Write a dialogue. (Instead of copying from previous page, revise first, close the book and try to remember by heart)

a) Greet someone,
b) Ask about the person and each other's family,
c) The person also asks about your brother, your friend .....
d) Say they are fine.

DIA A DIA
Edinaldo E. Santo

DESPEDIDAS

Tchau.
Adeus.

Até mais tarde.
Até logo.

Até a próxima semana.

Até a próxima------------→ aula, semana, segunda, terça, quarta, quinta, sexta. (-feira)
Até o próximo------------→ mês, ano, sábado, domingo.

Diálogo

A

A: -Oi, _____ tudo bem?
B: -Olá. Estou bem e você?
A: -Vou bem, obrigado.
B: -Como está seu irmão?
A: -Meu irmão está bem. E sua prima, como vai?
B: -Minha prima está muito bem.
A: Até logo.
B: Tchau.

B

A: Bom dia. Como está? Tudo bem?
B: Sim, estou bem, obrigado(a). E você, como vai?
A: Estou muito bem, obrigado.
   Como está a família?
B: Minha família está bem. E a sua?
A: Minha família está bem, obrigad(a).
B: Tchau.
A: Tchau.

DIA A DIA
Edinaldo E. Santo

11

Exercícios

1) Complete com o pronome correto. (Complete with the right pronoun.)

a) __Eu__ estou bem.   (I)
b) __Ele__ está bem.   (he) Ela she
c) __nós__ estamos bem. (we)
d) __eles__ estão bem.   (they) elas
e) __Você__ está bem?   (you) S
f) __Vocês__ estão bem? (you) P

2) Responda: (Answer:)

a) Como você diz London em português?
   __Londres__.

b) Como você diz family em português?
   __família__.

c) Como você soletra a palavra alfabeto?
   __alfabeto__.

d) Como você diz city em português?
   __cidade__.

e) Como está sua família?
   __minha família esta muito bem__.

f) Como vai você? Como você vai
   __Eu estou bem__.

g) Olá. Tudo bem?
   __Sim__.

3) Traduza: (Translate:)

a) father = __pai__   e) cousin = __prima__
b) brother = __irmão__   f) sister = __irmã__
c) wife = __esposa__   g) mother = __mãe__
d) family = __família__   h) friend = __amigo__

a) Pai
b) irmão
c) esposa d) família

e prima/primo
f. irmã
g. mãe
h amiga - amigo.

DIA A DIA
Edinaldo E. Santo

G H I J K L

Números - I

01- um/uma	11- onze
02- dois/duas	12- doze
03- três	13- treze
04- quatro	14- quatorze
05- cinco	15- quinze
06- seis	16- dezesseis
07- sete	17- dezessete
08- oito	18- dezoito
09- nove	19- dezenove
10- dez	20- vinte

Perguntando a idade

-Quantos anos você tem?   Eu tenho_____anos.

-Quantos anos ela tem?   Ela tem_____anos de idade.

-Quantos anos ele tem?   Ele tem_____anos.

Diálogo

TER
Eu tenho
Você / Ele / Ela — tem

Nós temos
Vocês / Eles / Elas — têm

A: - Olá. Tudo bem?
B: - Estou muito bem, obrigado. E você, como vai?
A: - Eu estou bem. Como está sua amiga Ana?
B: - Ela está bem.
A: - Quantos anos ela tem?
B: - Ela tem 20 anos.
       Quantos anos você tem?
A: - Eu tenho 20 anos também.
B: - Legal. Até mais tarde.
A: - Tchau.

DIA A DIA
Edinaldo E. Santo

Verbos SER e ESTAR

SER

Use **SER** for situations in general and things that may not change or will take a long time before changing.

Example: Sou feliz.   (I am happy.) In my life, in general I am a happy person.

Sou da Inglaterra. (I am from...England.) Permanent.

Ana é bonita. (Ana is a **beautiful** girl). She is **naturally beautiful**.

ESTAR

Use **ESTAR** for temporary situations. Things that are expected to change or may change at some point, generally soon.

Example: Estou muito feliz hoje. (I am very happy today.) It is about the moment.

Estou na Inglaterra. (I am in England.) Temporary. It can change.

Ana está bonita. (Ana is beautiful). Ana is looking beautiful at the moment.

Exercícios:

1) Complete os espaços com **SER** ou **ESTAR**

a) Eu_____ da Inglaterra.

b) Paula_____ inglesa.

c) Nós_____ estudantes de português.

d) Fernando_____ meu amigo.

e) Ele _____ triste.

f) Fátima_____ feia, mas hoje _____ bonita.

g) Fernando _____ rico.

SER
Eu   sou
Você ⎫
Ele   ⎬ é
Ela   ⎭

Nós   somos
Vocês ⎫
Eles   ⎬ são
Elas   ⎭

Lição de casa: Write a second dialogue, but adding the new extra information.

DIA A DIA
Edinaldo E. Santo

Perguntando a idade -II

- **Quantos anos você tem?** Eu tenho_____anos de idade.

- **Qual é a sua idade?**
  Eu tenho_____anos de idade.

De onde você é?

Eu sou de + **a/as/o/os** (preposition DE plus article)

~**De onde você é?**   Eu sou **da** Inglaterra.   (de + a = da)   Feminine form.
                Eu sou **de** São Paulo.   Most cities are neutral.
                Eu sou **dos** Estados Unidos. (de + os = dos) Masculine plural.
                Eu sou **do** Brasil.   (de + o = do)   Masculine singular.

- o **palavras femininas**   **a** Inglaterra/ **a** Itália/ **a** França/ **a** Alemanha/ **a** Bahia
- o **palavras masculinas**   **o** Brasil/ **o** Canadá/ **o** Chile/ **os** Estados Unidos/ **o** Japão
- o **palavras neutras**   Londres/ São Paulo/ Miami/ Minas/

Verbo TER   (used for age and possession)
Presente Simples

Forma Afirmativa	Forma Negativa	Forma Interrogativa
Eu tenho	Eu **não** tenho	Eu tenho ?
Você tem	Você **não** tem	Você tem ?
Ele/a tem	Ele/a **não** tem	Ele/a tem ?
Nós temos	Nós **não** temos	Nós temos ?
Vocês têm	Vocês **não** têm	Vocês têm ?
Eles/as têm	Eles/as **não** têm	Eles/as têm ?

Exemplos:
- Eu tenho dois cachorros, um gato e cinco peixes.
- Ana tem dois irmãos. Eles têm quinze e dezessete anos.
- -Você tem filhos? – Não, eu não tenho filhos.

DIA A DIA
Edinaldo E. Santo

15

Apresentando-se:

- Olá. Meu nome é _____. (-Hello. My name is…..)
- Eu tenho _____ de idade. (-I am………………………years old.)
- Eu sou de/ do/ da _____ (-I am from.....)
- Eu sou casado(a). ←---→ Eu sou solteiro(a). (I am married.....I am single.)

------------//-------------
Exemplo:

Bom dia. Meu nome **é** Carlos.
Eu sou d**o** Brasil.
Eu **tenho** vinte e sete anos de idade.
Sou casado.
Tenho dois filhos.

Perguntando	Respondendo
-Qual é o seu nome?	Meu nome é_____
-Como você se chama?	Chamo-me_____ ('Me chamo' in spoken Portuguese)
-Quantos anos você tem?	Eu tenho_____
-Qual é a sua idade?	
-De onde você é?	Eu sou de/da/do_____
-Você é casado(a)?	Sim, eu sou. – Não, eu não sou.
-Você é solteiro(a)?	Sim, eu sou. – Não, eu não sou.
-Qual é o seu estado civil? (formal)	Eu sou solteiro(a)/casado(a).

Onde você nasceu?

Eu nasci em + **a/as/o/os** (preposition EM plus article)

-Onde você nasceu? Eu nasci **em** Londres/ **na** Inglaterra/ **no** Brasil.

Quando você **nasceu?**

Eu nasci **em**-------→ Janeiro
Eu nasci **em**---------→ 1978
Eu nasci **no dia** 04 de abril.
Eu nasci **no dia** 23 **de** julho **de** 81.

Lição de casa: 1) Ten sentences with the verb to have (age/possession), 2) Write a text introducing yourself to be used in your next lesson as a support.

Nascer – Passado Simples

Eu   nasci
Você ⎫
Ele/ela ⎬ nasceu
Nós   nascemos
Vocês ⎫
Eles/as ⎬ nasceram

DIA A DIA
Edinaldo E. Santo

Substantivos/Nouns:

Substantivo is the word we use to name things in general. They may be real or not. If the noun (substantivo) is real or it can be imagined it is called 'concreto'. If you can't imagine it, it is called 'abstrato'.

Examples: **concreto**: a bruxa, o mundo, o sol, o anjo, o demônio, Ana, o Brasil, o irmão
abstrato: o amor, o ódio, o medo, a desconfiança, a esperança

To understand better the concept of **concreto** e **abstrato**, have in mind that if you can imagine it, it is **concreto**, for example, when someone says the word anjo (angel) you may imagine a child with wings, but when someone says o amor (love), you can only imagine someone in love, a heart, etc, which means that if the noun depends on a being to exist, you cannot really imagine it, so it is **abstrato**. Feelings only exist through someone, so they cannot be imagined on their own and are abstract.

What is classified as a noun?

- People's names, animals, fruits, places, etc.
- **Example**: Beatriz, cavalo, manga, Inglaterra.

Words in Portuguese can sometimes have more than one classification. For example, sometimes the word on its own is classified in one way, but depending on where it is placed in a sentence, it can have a different classification. Basically, if you add a modifier to a word (a, um, aquele, este) you turn it into a noun.

Examples: pobre (adjective)   o pobre, aquele pobre, um pobre (noun)

In Portuguese nouns are either "**feminino** or **masculino**" apart from cities, which are mostly "**neutro**". Countries and places in general can also sometimes be **neutro**.

How can you say if a word/noun is masculine or feminine?

a) As a general rule, male beings will be masculine, regardless the ending of the word, so menino (boy), homem (man), pai (father) etc are all masculine nouns. The same will happen for female beings: menina (girl), mulher (woman), mãe (mother)
b) Words ending in **o** will be masculine; if they end in **a**, feminine. For example: masculine: o prédio, o carro, o almoço, o vestido, o brinquedo.
c) feminine: a casa, a mesa, a saia, a escola, a bruxa. **Some exceptions**: o dia, o cin**ema**, o dil**ema**, o probl**ema**, o Canadá (there are much more ending in a, which are masculine)
d) They will **always** be feminine when ending in **–gem; -dade; -tude**.

Examples:

a garagem, a mensagem, a coragem,
a idade, a caridade, a felicidade, a fraternidade,
a gratitude, a magnitude, a juventude,

DIA A DIA
Edinaldo E. Santo

If the noun ends in **-ão** it can be feminine or masculine, but the words ending in –ion in English are feminine in Portuguese.

Example: a emoç**ão** (the emot**ion**), a traduç**ão** (the translat**ion**), a corrupç**ão** (corrupt**ion**)

a mans**ão** (mans**ion**), a expans**ão** (expans**ion**)

Important: The word/noun being feminine or masculine doesn't mean it is qualifying the object as feminine or masculine. Nouns are classified as being feminine or masculine in order to best describe them. For example: a criança (the child) may refer to a boy or a girl.

os filhos (the children) can mean a mixed group of someone's children, as in Portuguese we always represent a mixed group by the masculine form.

o idoso (the elderly) refers to old people in general, as we always place the noun in the masculine when talking about things in general, when it means a mixed group.

Alguns substantivos

Masculinos

Male beings	Ending in -o	Other endings
o homem	o apartamento	o hospital
o menino	o casamento	o sorvete
o esposo	o conhecimento	o freguês

Femininos

Female beings	Ending in -a	Other endings
a mulher	a criança	a mensagem
a menina	a dança	a verdade
a esposa	a rua	a emoção

Exercício:

1) Tente advinhar o gênero dos substantivos abaixo. (Try to guess the gender of the nouns below)

a)………sol b)………telefonema c)………elefante d)……Ipanema

e)………mar f)………março g)………oração h)……mapa

i)……medo j)……presidente k)……mel l)……céu

DIA A DIA
Edinaldo E. Santo

Profissões – ocupações (professions – occupations)

O que você faz? (What do you do for a living?)

-O que você faz?
 (What do u do?)
-Qual é a sua profissão?   Eu sou…
 (What is your profession)   (I am…)
-Você trabalha?
 (Do you work?)

Profissões/Ocupações

- Professor (a)
- Doutor (a)
- Cantor (a)
- Jogador (a) **de** futebol, **de** tênis, **de** basquete

- Ator - Atriz (exception)

- Secretário (a)
- Advogado (a)
- Aposentado (a)

- O/a recepcionista
- O/a jornalista
- O/a estudante
- O/a comerciante

> Add **a** to most professions ending in **r** to make the feminine form.

> Change the vowel to an **a** to professions ending in **o** to make the feminine form.

> Some nouns ending in **a, e** will not change. The agreement with gender can be done with a vowel in front of it. There are some exceptions:
> **o** presidente – **a** president**e**/ **a** president**a**.

O que Ana faz? -----→ Ela é babá.
O que ele faz? -----→ Ele é mecânico.

Qual é a profissão **dele**? -------→ Ele é jornalista.
Qual é a profissão do João? -------→ Ele é empresário.

> Use dele/ dela (of his/hers) at the end of the question to talk about someone else. So, instead saying 'What is his profession?' you can say 'What is the profession of him?'

Exercício:

1) Responda:

a) Qual é a profissão dele? _____
b) Qual é a profissão dela? _____
c) O que ele faz? _____
d) O que você faz? _____
e) Qual é a sua profissão? _____

DIA A DIA
Edinaldo E. Santo

19

profissões

o/a eletricista =	o/a chefe =	vendedor =
médico =	empresário =	pintor =
encanador = plumber	político =	mecânico =
fotógrafo =	professor =	garçom =
o/a cientista =	o/a jornalista =	o/a taxista =

Exercícios:

1) Responda:

- O que você faz?   Eu sou _____.

- Qual é a sua profissão? Eu sou _____.

- O que a sua irmã faz?   Ela é _____.

- O que o seu amigo faz?   Ele é _____.

2) Relacione os desenhos com as frases abaixo: (Match the drawings with the phrases below)

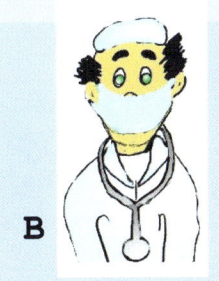

A   B   C   D

( ) O médico cuida dos doentes.

( ) O soldado luta na guerra.

( ) O dentista trata dos dentes.

( ) O mágico faz mágicas.

<u>Provérbios</u>

Antes só do que mal acompanhado.   **Antes tarde do que nunca.**

DIA A DIA
Edinaldo E. Santo

M N O P Q R

Exercícios.

1) Responda:

a) O que o João faz?
   ele é garçon

b) Qual é a profissão de Pedro?
   ele é fotógrafo

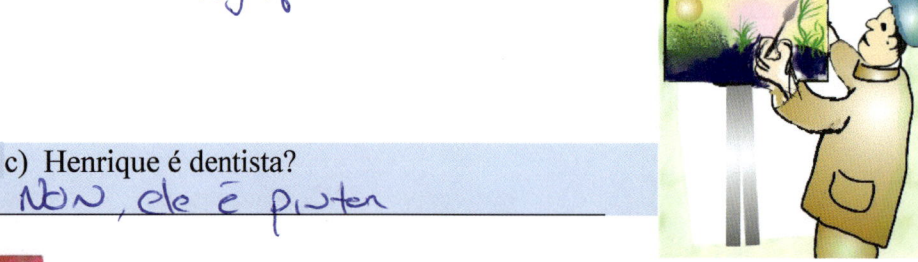

c) Henrique é dentista?
   Non, ele é pintor

d) Fátima é dona de casa ou empresária?
   Ela é empresária

e) Qual é a profissão de Tony?
   ele é jogador de futebol

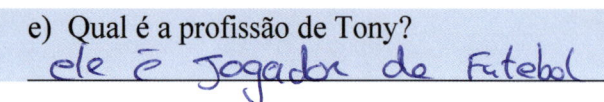

2) Escreva a profissão de cada um. (Write the profession of each one)

encanador   _taxista_   _chefe_

DIA A DIA
Edinaldo E. Santo

21

3) Responda negativamente: (Answer in the negative form)

a) Você é dentista? Não, sou psicóloga.

b) Ele é professor? _Não, sou_____.

c) Elas são cientistas?_____.

d) Ela é jornalista?_____.

e) Eles são garçons?_____.

4) Relacione a profissão com a atividade. (Match the profession with the activity)

a) O pintor   (c) cuida de crianças. *[look after children]*

b) O comerciante *[shopkeeper]*   (e) joga bola.

c) A babá   (d) atende telefone.

d) A telefonista   (b) vende produtos. *[sell products]*

e) O jogador de futebol   (a) pinta quadros.

*a médica/ a comerciante/ o telefonista/ a jogadora de tênis

5) Coloque os substantivos abaixo no plural. (Put the nouns below in the plural form)

a) o neto= *[grandson]*   b) o primo= *[cousin (male)]*   c) o homem= *[man]*

d) a irmã= *[sister]*   e) um jornalista= uns jornalista   f) uma conta=

g) o esposo= os   h) a filha= as filhas *[daughter]*   i) a escola= as

j) a viagem= as viagens *[journey]*   k) o professor= os professores   l) o irmão= os

6) Complete os espaços.

a) Marco cozinha. Ele é __chefe__ *[cooks]* (chef)

b) Fernando joga bola. Ele é __jogador de futebol__ (football player)

c) Angela dá aula para crianças. Ela é __professor__ *[give lesson]* (teacher)

d) Cristina trabalha em um hospital. Ela é __médica__ (doctor)

22

MY = meu meus
minha minhas

YOUR = seu seus
sua suas

this = este/esta
These = estes/estas

DIA A DIA
Edinaldo E. Santo

Apresentando alguém   este/esta (pronome demonstrativo- I)

-Este é meu _filho_ (son)   -Muito prazer. *pleasure to meet*
-Esta é minha _filha_ (daughter)   -Prazer em conhecê-lo (a). — NICE TO meet you.
-Estes são meus _filhos_   -O prazer é (todo) meu. ITS my pleasure
-Estas são minhas _filhas_   -Foi um prazer conhecê-lo (a) IT WAS a pleasure meeting you.

A

A- Oi, Pedro. Tudo bem?
B- Olá, Paulo. Tudo. E você, como está?
A- Eu vou indo. (Not bad)
   Este é meu amigo José.
B- Oi, José. Tudo bem?
C- Tudo.

B

A- Oi, Fernando. Como está você?
B- Estou bem, obrigado. E você?
A- Estou legal. **Este** é o Fábio, meu primo. (legal = cool)
B- Muito prazer.
C- O prazer é meu, Fernando.

Vocabulário

filho=
filha=
filhos=
sogro= FATHER IN LAW
sogra= MOTHER IN LAW
sogros= IN LAWS

cunhado= Brother in law
cunhada= sister in law
cunhados= Brothe/sist in law
marido= husband
esposo= husband
mulher= wife
esposa= wife
COMPANHEIRO = PARTNER (couple)

Verbo **ser** – presente simples		
forma afirmativa	forma negativa	forma interrogativa
Eu sou	Eu não sou	Eu sou?
Você é	Você não é	Você é?
Ele/ela é	Ele/ela não é	Ele/ela é?
Nós somos	Nós não somos	Nós somos?
Vocês são	Vocês não são	Vocês são?
Eles/elas são	Eles/elas não são	Eles/elas são?

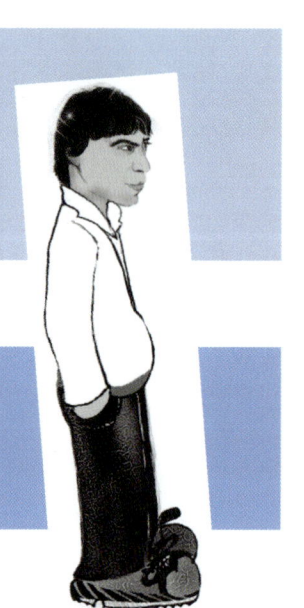

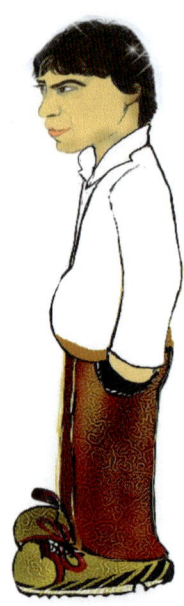

DIA A DIA
Edinaldo E. Santo

Revisão:

1) Complete com o artigo definido correto: (o/a/os/as)

a) **O** médico b) **a** médica c) **O** sapato (shoes) d) **a** novela (soap opera)
e) **a** atriz (actress) f) **o** José g) **o** filho h) **o** casaco (coat)
i) **a** vida (life) j) **a** escola k) **o** avião (plane) l) **o** irmão

2) Complete com os pronomes demonstrativos: **este, estes, esta, estas**:

a) **este** criança b) **estes** meninos c) **este** escola

d) **estes** carros (cars) e) **este** ônibus f) **estes** país (country)

g) **estes** país h) **estes** amigos i) **esta** casa

pai = father
pais = fathers
país = country
países = countries

3) Faça como no exemplo: (Do as in the example)

a) **A** menina. **Uma** menina. **Esta** menina. **Estas** meninas.

b) **A** criança. **Uma** criança. **esta** criança. **Estas** crianças.

c) _____ rua. _____ rua. _____ rua. _____ ruas.

d) _____ casa. _____ casa. _____ casa. _____ casas.

e) _____ esposo. _____ esposo. _____ esposo. _____ esposos.

f) _____ apartamento _____ apartamento. _____ apartamento. _____ apartamentos.

g) _____ carro. _____ carro. _____ carro. _____ carros.

4) Ouça o professor e dê o plural das palavras que ele ditar.
(Listen to your teacher and write the plural of the words he/she dictates)

....
....
....
....
....
....
....
....

DIA A DIA
Edinaldo E. Santo

De onde ele/ela é?   Onde ele/ela nasceu?

Ele/ela é de + a/as/o/os   Eu nasci em + a/as/o/os
(preposition DE plus article)   (preposition EM plus article)

-De onde ele é?   Ele é **da** China.   Ele nasceu **na** China.
-De onde ela é?   Ela é **da** Espanha.   Ela nasceu **na** Espanha.

-De onde eles são?   Eles são **de** Londres.   Eles nasceram **em** Londres. *(born)*
-De onde elas são?   Elas são **de** São Paulo. Elas nasceram **em** São Paulo.

-De onde você é?   Eu sou **do** Brasil.   Eu nasci **no** Brasil.
-De onde vocês são? Nós somos **do** Japão.   Nós nascemos **no** Japão.

Verbo nascer – passado simples

Forma afirmativa	Forma negativa	Forma interrogativa
Eu nasci (BORN)	Eu não nasci	Eu nasci?
Você nasceu	Você não nasceu	Você nasceu?
Ele/ela nasceu	Ele/ela não nasceu	Ele/ela nasceu?
Nós nascemos	Nós não nascemos	Nós nascemos?
Vocês nasceram	Vocês não nasceram	Vocês nasceram?
Eles/elas nasceram	Eles/elas não nasceram	Eles/elas nasceram?

Expressões do dia a dia

-Estou com pressa. *(hurry)*   -Estou cansado(a). *TIRED*
-Estou atrasado(a). *LATE*   -Estou muito cansado(a)! *VERY TIRED*
-Estou adiantado(a). *EARLY*

Vocabulário

Estar com...(no momento) *TO BE WITH (NOW)*   Ter/Sentir....(em geral)

medo de= *FEAR*   vontade de= *I WANT TO*   fome= *hungry*
saudade de= *MISS*   frio= *cold*   sede= *thirsty*
desejo de= *CRAVING*   calor= *hot*

Exemplos:

Estou com saudade de você. *I missing you*   **Estou com** fome. *I'm hungry*
Você **tem** medo de rato?   **Tenho** muita fome de manhã.
You have a fear of rato?   *You are very hungry in the morning.*

DIA A DIA
Edinaldo E. Santo

25

S T U V W X

Perguntando

Você	fala *speak*	inglês
	entende *understand*	português
		alemão
	estuda *study*	italiano
		Michael Jackson
	conhece *know (person/country)*	Helena
	sabe *know about*	matemática

?

Respondendo

Forma afirmativa	Forma negativa
Sim, eu **falo**.	Não, eu não **falo**.
Sim, eu **entendo**.	Não, eu não **entendo**.
Sim, eu **estudo**.	Não, eu não **estudo**.
Sim, eu **conheço**.	Não, eu não **conheço**.
Sim, eu **sei**.	Não, eu não **sei**.

Expressões do dia a dia

- Com licença = *excuse me*
- Desculpe-me = *sorry*
- Por favor = *please*

- Tenha um bom dia. = *have a good day*
- Tenha um bom fim de semana. = *have a good weekend*
- Até a próxima aula. = *until the next class*

Vocabulário

francês = *french*   física = *physics*   a Bélgica =   o João
espanhol = *spanish*   química = *chemistry*   a Argentina =   a Ana

DIA A DIA
Edinaldo E. Santo

Exercícios:

1) Coloque as palavras na ordem correta: (Put the words in the right order)

a) meu/ está/ doente/ cunhado _meu esta cunhado doente_

b) meu/ é/ Pedro/ nome _meu é nome Pedro_

c) minha/ suja/ casa/ está _minha casa está suja_

d) amigas/ são/ minhas/ Inglaterra/ da _minhas amigas são da Inglaterra_

e) esposa/ triste/ minha/ está _minha está triste esposa triste_

f) estão/ cansados/ tios/ meus _meus estão tios cansados_

2) Siga o modelo.

a) O nome <u>da minha cunhada</u> (dela) é Ana.   O nome **dela** é Ana.

b) O nome <u>do meu primo</u> (dele) é José. _____

c) A mão <u>da moça</u> (dela) (small) é pequena. _____

d) O gato <u>da menina</u> (dela) é branco. _____

e) Os sapatos <u>dos meninos</u> (deles) estão sujos. _____

3) Siga o modelo.

Eu tenho uma prima alta. (tall)   Minha prima **é** alta.

a) Você tem uma prima alta. _____

b) Ele tem uma prima alta. _____

c) Ela tem uma prima alta. _____

d) Nós temos uma prima alta. _____

e) Vocês têm uma prima alta. _____

f) Eles têm uma prima alta. _____

g) Elas têm uma prima alta. _____

Possessivos

Eu---------→meu, minha(s)

Você-------→seu, sua (s)

Ele---------→seu, sua (s) / dele

Ela---------→seu, sua (s) / dela

Nós---------→nosso, nossa (s)

Vocês-------→seu, sua (s)

Eles---------→seu, sua (s) / deles

Elas---------→seu, sua (s) / delas

DIA A DIA
Edinaldo E. Santo

Y Z

Exercícios

1) **Coloque as palavras abaixo em ordem**:

a) inglês/ fala/ você?_____

b) conhece/ você/ a/Madonna?_____

c) você/ alemão/ entende?_____

d) você/ com licença/ italiano/ fala?_____

e) Ana/ conhece/ a/ você/ bom dia?_____

f) como/ vai/ oi/ você?_____

g) obrigado/ bem/ eu/ estou/ você/ e?_____

h) Pedro/ nome/ meu/ é._____

i) eu/ não/ francês/ não/ falo._____

j) próxima/ a/ até/ semana._____

2) **Responda**: (forma afirmativa e forma negativa)

a) Com licença. Você fala inglês?

_____   _____

b) Oi. Você entende espanhol?

_____   _____

c) Bom dia. Você conhece o senhor José?

_____   _____

d) Olá. Como está você?

_____   _____

e) Você estuda português?

_____   _____

f) Você sabe matemática?

_____   _____

Verbs:

Falar		Exemplos
Eu	falo	Eu falo português **e** espanhol.
Você-Ele –Ela	fala	Pedro fala **sobre** política.
Nós	falamos	Eles não falam muito.
Vocês –Eles –Elas	falam	
Estudar		
Eu	estudo	Ana estuda espanhol.
Você-Ele –Ela	estuda	Você estuda **com** Ana?
Nós	estudamos	
Vocês –Eles –Elas	estudam	
entender		
Eu	entendo	Não entendo muito bem.
Você-Ele –Ela	entende	Seu irmão entende francês?
Nós	entendemos	
Vocês –Eles –Elas	entendem	
conhecer		
Eu	conheço	Conheço o Brasil e a Inglaterra.
Você-Ele –Ela	conhece	
Nós	conhecemos	Conhecemos seu irmão.
Vocês –Eles –Elas	conhecem	
saber		
Eu	sei	Não sei matemática, **mas** sei física.
Você-Ele –Ela	sabe	
Nós	sabemos	Elas sabem espanhol também?
Vocês –Eles –Elas	sabem	

1 Goldhawk road – W12 8QQ   -   07855 287 835

London Lessons (Please, send a txt msg to the phone above if you would like to book a time with the author to do part two and three over Skype)

Learning with confidence

Assessment 1 – Entry level

Part One:

1) **Answer the following questions**:

a) Qual é o seu nome?..

b) Quantos anos você tem?..

c) De onde você é?..

d) Qual é a sua profissão?..

e) Você fala português?..

f) Você entende italiano?..

2) **Complete the gaps below**:

a) Meu irmão……*tem*……vinte anos de idade.   b) Eles são ……*da*…. Argentina.

c) Nós……*não*……entendemos francês.   d) Você ……*conhece*……a Madonna?

e) -Tudo ……*bem*……? -Sim, estou bem.   f) Ela não é solteira. Ela é……*casada*…

3) **Translate**:

a) brother=……*irmão*……   b) cousin=……*primo*……   c) father=……*pai*…… | sister = irmã

d) tio=……*uncle*……   e) mãe=……*mother*……   f) filha=……*daughter*……

4) **Ask the question**:

a)……*Você tem irmãos*……………………………………………?
Sim, eu tenho dois irmãos.

b)……*Qual é a profissão*……………?
Ela é professora.

c)……*De onde vocês são?*……………?
Nós somos do Japão.

Part Two: Comment orally about a picture:
Three: Answer to five questions:

Log on to **http://london-portugueselessons.co.uk** and send your test to the author to be corrected and please send us a text msg to book a time to do part 2 and 3 over the Internet.

DIA A DIA
Edinaldo E. Santo

BRAZILIN

PORTUGUESE

DIA A DIA

PARTE 2

© Edinaldo do Espírito Santo

London Lessons
Learning with confidence

DIA A DIA
Edinaldo E. Santo

Contents

PARTE 2 (PART TWO)

Some accents in Portuguese →3
Demonstrative pronouns I : This-These →5
The use of every →8
Verb TO LIKE + noun →10
Verb TO LIKE + a second verb →11
Demonstrative pronouns II : That- Those →13
Demonstrative pronous III – The neutral ones →14
Adjectives →15
Colours →17
Interrogative words I →18
Interrogative words II →21
Numbers: 1-59 →30
List of verbs: Regular and Irregular →31-32 -33

DIA A DIA
Edinaldo E. Santo

ALGUNS ACENTOS

^ acento CIRCUNFLEXO --------------→ Você – avô (closed sound) shorts

´ acento AGUDO ------------------------→ Ele **é** – caf**é**

~ til --→ **ã:** Irmão – mãe Makes nasal

Ç CEDILHA -------------------------------→ Mo**ç**a – crian**ç**a changes to S sound

` GRAVE=CRASE ---------------------→ **à:** Vou **à** escola **às** 7 horas makes it longer

Complete o texto abaixo com os acentos corretos:

Angelo **é** professor. Ele **está** em Roma, na **Itália.**

Angelo **não** fala italiano, mas fala **inglês, francês** e entende **alemão.**

Ele vai **à Itália** todo ano. Angelo vai e volta de **avião**.

Amanhã, às nove e meia, Angelo vai ao Brasil. Ele **não** conhece o Brasil ainda, mas gosta da **língua** portuguesa.

yet.

Verbo IR (To go)	TO GO **TO** = IR **A** (short period) or **PARA** (long period)
Eu vou Você vai Ele/a vai Nós vamos Vocês vão Eles/as vão	**Ex:** Eu vou **a** Londres or **para** Londres. (neutral) Ele vai **à** Espanha or **para a** Espanha. (feminine) Nós vamos **ao** Brasil or **para o** Brasil. (masculine)

DIA A DIA
Edinaldo E. Santo

Vamos praticar?

1) Acentue as palavras: (Put the accents)

a) o café	b) inglês	c) vocês
d) três	e) mês	f) irmão
g) português	h) Ele é	i) está
j) estão	l) às sete	m) japonês

2) Responda negativamente.

a) Você fala alemão?
_____

b) Você entende italiano?
_____

c) Você sabe inglês?
_____

d) Você conhece a Inglaterra?
_____

3) Siga o modelo.

Eu sou do México. Eu falo espanhol. Eu tenho vinte anos.   (México/falar/20 anos)

a) Ela _e do canada ela fala ingles y frances. Ela tem dezoito anos_
   (Canadá/entender/18 anos)
b) Ele _e de Londres ele estudar ingles ele tem trinta anos_
   (Londres/estudar/30 anos)
c) Ana _e da França ele conhecer espanol ela ana tem vinte y oito anos_
   (França/conhecer/28 anos)

4) Complete com o verbo entre parênteses.

a) Paulo ___fala___ inglês. (to speak)
b) Ele ___conhece . Sabe___ francês (to know)
c) Ana ___conhece___ o Michael Jackson. (to know)
d) Ela ___sabe___ italiano. (to understand)

5) Complete as sentenças abaixo.

Olá. Meu ___nome___ é ___brendan___. Eu ___não sou___ Inglaterra.
Nasci ___en Irlanda___. Não tenho/Tenho ___ filhos e ___Não sei___
casado(a) com ___nada___. Tenho ___quinto___ irmão(s). O/A mais novo(a) ___tem 40___
anos e o/a mais velho(a) tem ___45___

DIA A DIA
Edinaldo E. Santo

Pronomes demonstrativos –II — este/esta/estes/estas
esse/essa/esses/essas

Use **este/esta/estes/estas** – for people or things near you.

Use **esse/essa/esses/essas** – for people or things near the person you are talking with.

❖ Listen to the examples your teacher has.

1) Complete com este, esta, esse, essa:

a)_____ é meu primo. (perto de você) near you

b)_____ são meus tios Elisa e Roberto. (perto de você)

c)_____ é sua irmã? (perto da pessoa com quem você fala) near who you speak with

d)_____ brinquedos são seus? (perto da pessoa com quem você fala)

e)_____ brinco é seu? (perto de quem fala) near who speaks

2) Responda:

a) Quem é este rapaz? _____

b) Quem são essas moças? _____

c) Quem é essa menina linda? _____

d) Quem é esta jovem? _____

Vocabulário

caderno=	gêmeos=	casa=	apartamento=
livro=	vestido=	gato=	cachorro=
brinquedo=	brinco=	vizinha=	carro=

DIA A DIA
Edinaldo E. Santo

Perguntando

| Ele / Ela | fala / entende / estuda / sabe / conhece | espanhol / francês / russo / português / inglês / química / a China/ Portugal/o Brasil / o Pedro/ a Ana/ o Beto | ? |

Respondendo

Forma afirmativa	Forma negativa
Sim, ele **fala** espanhol.	Não, ele não **fala** espanhol.
Sim, ela **entende** francês.	Não, ela não **entende** francês.
Sim, ele **estuda** russo.	Não, ele não **estuda** russo.
Sim, ela **sabe** química.	Não, ela não **sabe** química.
Sim, ele **conhece** a China/ Londres/o Brasil.	Não, ele não **conhece** a China/ Londres/ o Brasil.

Exercícios   **1) Siga o modelo:**

a) Ele é do Brasil. Ele tem vinte anos. Ele fala português.   (Brasil/22/falar/português)

b) Ela_____
(Itália/26/falar/italiano)

c) Ele_____
(Japão/35/entender/japonês)

d) Ela_____
(Inglaterra/18/estudar/russo)

e) Ele_____
(Malásia/37/saber/francês)

f) Eu_____
(_____/_____/estudar/português)

DIA A DIA
Edinaldo E. Santo

2) Responda:

a) Eva é da China. Ela fala português? Não, ela fala chinês.

b) Paulo é da Inglaterra. Ele fala italiano? _____

c) Helena é de Portugal. Ela fala espanhol?_____

d) Felipe é da Rússia. Ele fala chinês?_____

e) Marta é da Espanha. Ela fala japonês?_____

3) Complete com esta/ este/ estas/ estes:

a)_____ é meu primo João. Ele é do Brasil.

b)_____ é minha irmã Janete. Ela estuda inglês.

c)_____ são meus amigos Paulo e Roberto. Eles são dos Estados Unidos.

d)_____ são Fátima e Beatriz, minhas amigas. Elas falam francês.

e)_____ é meu amigo Pedro. Ele é da Austrália.

f)_____ é minha mãe. Ela entende chinês, alemão e russo.

4) Siga o modelo:

Eu sou da Argentina. Eu não sou do Brasil.

a) Ela_____
    (Estados Unidos/Inglaterra)
b) Ele_____
    (França/Inglaterra)
c) Nós_____
    (Inglaterra/Estados Unidos)
d) Eles_____
    (Canadá/Portugal)
e) Você_____
    (Bolívia/Argentina)

DIA A DIA
Edinaldo E. Santo

Perguntando   **every...**

| Eles
Elas
Vocês | estudam
falam
sabem
entendem
viajam | espanhol
francês
português
inglês
química
a lição

para a China
para o Brasil
Para Portugal | toda segunda
toda terça
toda quarta
toda quinta
toda sexta
todo sábado
todo domingo

toda aula
todo mês
todo ano | ? |

Respondendo

Forma afirmativa	Forma negativa
Sim, eles **estudam** espanhol todo(a) _____.	Não, eles não **estudam** espanhol todo(a) _____.
Sim, elas **falam** francês todo(a) _____.	Não, elas não **falam** francês todo(a) _____.
Sim, eles **fazem** inglês todo(a) _____.	Não, eles não **fazem** inglês todo(a) _____.
Sim, elas **sabem** a lição toda aula.	Não, elas não **sabem** a lição toda aula.
Sim, eles **viajam** para o/a...todo_____.	Não, eles não **viajam** todo_____.

Forma afirmativa	Forma negativa
Sim, nós estudam**os** espanhol todo(a) _____.	Não, nós não estudam**os** espanhol todo(a) _____.
Sim, nós falam**os** francês todo(a) _____.	Não, nós não falam**os** francês todo(a) _____.
Sim, nós fazem**os** inglês todo(a) _____.	Não, nós não fazem**os** inglês todo(a) _____.
Sim, nós sabem**os** a lição toda aula.	Não, nós não sabemos a lição toda aula.
Sim, nós viajam**os** todo_____.	Não, nós não viajamos todo_____.

DIA A DIA
Edinaldo E. Santo

Exercícios

1) Faça a pergunta: (Ask the question)

a)_____.
Sim, eles estudam russo toda segunda.

b)_____.
Não, nós não estudamos química toda terça. Nós estudamos toda quarta.

c)_____.
Não, elas não viajam todo ano. Elas viajam a cada dois anos.

d)_____.
Sim, eu entendo matemática.

e)_____.
Não, nós não viajamos todo mês. Viajamos uma vez por ano.

2) Complete as sentenças com um dos verbos abaixo: (Complete with one of the verbs below)

estudam   conhece   sabem   entendemos   falo   fazemos

a) Ana_____a Itália, o Japão, a China e o Chile.

b) Henrique e eu_____natação todo sábado.

c) As crianças_____francês e italiano toda terça.

d) Nós não_____matemática, mas gostamos.

e) Eles_____química muito bem.

f) Eu não_____alemão.

Vocabulário

natação=	musculação=	academia=
ginástica=	e =	malhar=
hidroginástica=	mas=	fazer=

Provérbio

Em terra de cego, quem tem olho é rei.

10 Verbo

DIA A DIA
Edinaldo E. Santo

GOSTAR DE

Você Ele Ela	Gosta	de	música? samba? cerveja?	Sim, eu gosto................. Não, eu não gosto............ Sim, ele/a gosta..............
Vocês		da	Inglaterra ?	Sim, nós gostamos........... Não, nós não gostamos....
Eles Elas	Gostam	do	Brasil?	Sim, eles gostam............ Não, eles não gostam......

Use <u>gostar de</u> when it is a general idea. For example: Do you like beer? Você gosta **de** cerveja?
Use **do, da, dos, das** when talking about something specific, a place or a person.

Não gosto **do** primeiro ministro, mas gosto **da** Inglaterra e **dos** membros da família real.

Exercícios

1) Responda: (Answer)

a) Você gosta de pipoca?_____
b) Paulo gosta de novela?_____
c) Eles gostam de futebol?_____
d) Eva gosta de vinho?_____
e) Você gosta de café?_____
f) Elas gostam do Robbie Williams?_____
g) Vocês gostam de bolo?_____
h) Henrique gosta da Madonna?_____
i) Você gosta do Michael?_____

2) Faça perguntas usando as palavras abaixo: (Ask questions using the words below)

a)queijo   b)Portugal   c)criança   d)música lenta   e)Beatles   f)macarronada
g)inverno   h)jazz   i)vinho quente j)praia   k)italianos l)polícia

3) Faça a pergunta.
a)_____.
   Sim, eu gosto de peixe frito.
b)_____.
   Não, eles não gostam da vizinha.
c)_____.
   Não, nós não gostamos de comida apimentada.
d)_____.
   Sim, eu gosto de corrida de cavalo.

GOSTAR DE + VERBO NO INFINITIVO (only 'de' between two verbs)

Você		de	cantar? viajar? nadar? beber?	Sim, eu gosto de…………… Não, eu não gosto de…………
Ele Ela	gosta			Sim, ele/a gosta………… Não ele/a não gosta de………
_____	_____	de	tocar violão? comer pizza? assistir a filmes?	Sim, nós gostamos de……….. Não, nós não gostamos de….
Vocês				
_____	gostam	de		_____
Eles Elas			dançar samba se levantar cedo? acordar tarde?	Sim, eles gostam de………… Não, eles não gostam de……

Exercícios

1) Responda, trocando o nome por um pronome:(Answer changing the name for a pronoun: he/she...)

a) Marcos gosta de nadar? _____.
b) Eva gosta de dormir? _____.
c) Marta gosta de andar? _____.
d) Henrique e Paulo gostam de trabalhar? _____.
e) A menina gosta de dançar? _____.
f) As vizinhas gostam de falar? _____.
g) O senhor gosta de viajar? _____.

2) Complete as sentenças com o verbo GOSTAR. (Complete the sentences with the verb GOSTAR)

a) Os jovens _____ de tocar violão.
b) Pedro _____ de comer doce.
c) Os alunos não _____ de estudar.
d) Meu gato não _____ de beber leite.
e) Os adolescentes _____ de assistir a filmes.
f) Eu não _____ de assistir à televisão.
g) Você _____ de cantar?
h) Sim, Eva e Pedro _____ de tocar piano.
i) As aves _____ de voar.

3) Responda na forma afirmativa, usando as palavras entre parênteses.
   (Answer in the affirmative form, using the words in the brackets.)
a) Você gosta de beber? _____(vinho)
b) Paula gosta de dançar?_____(samba)
c) Eles gostam de comer?_____(pizza)
d) Vocês gostam de viajar?_____(Itália)

DIA A DIA
Edinaldo E. Santo

4) Passe as frases abaixo para o plural. (Change to the plural form)

a) Ele gosta de ver filmes de terror.
_____.

b) O menino gosta de jogar bola.
_____.

c) O adolescente gosta de beijar.
_____.

d) Meu primo gosta de beber coca-cola.
_____.

e) Eu gosto de estudar português.
_____.

f) Ela gosta de falar palavrão.
._____.

5) Responda usando uma das respostas abaixo: (Answer using one of the answers below)

Eu gosto de nadar. – Eu gosto de sair com os amigos – Gosto de descansar – Gosto de andar

Gostamos de ir ao cinema – Gostamos de beber cerveja – Gostamos de ir à praia

a) O que você gosta de fazer nos fins de semana? _____

b) O que vocês gostam de beber aos sábados? _____

c) O que vocês gostam de fazer? _____

d) O que você gosta de fazer no domingo? _____

e) O que você gosta de fazer na academia? _____

f) O que você gosta de fazer no parque? _____

g) O que vocês gostam de fazer às sextas? _____

6) Fale-me o que você gosta de fazer nas horas vagas.(Tell me what you like doing on your spare time)
_____
_____

7) Siga o exemplo: (Follow the example) Você gosta de cantar? Não, gosto de dançar.

a) Você gosta de beber vinho? _____
b) Você gosta de trabalhar? _____
c) Vocês gostam de sair? _____
d) Vocês gostam de correr? _____
e) Você gosta de assistir ao futebol?_____
f) Eles gostam de ficar em casa?_____

DIA A DIA
Edinaldo E. Santo

Pronome demonstrativo - III — aquele/aquela/aqueles/aquelas

Use aquele, aquela, aqueles, aquelas for people and things far from you and far from the person you are talking with.

Exemplos: Aqueles jovens são meus amigos.   Quanto custa aquele violão?
Quem é aquele rapaz?

Veja a diferença:

- Este lápis é meu. (perto de quem fala) 'Close to who speaks'
- Esse lápis é meu. (perto da pessoa com quem se fala) 'Close to the person you speak with'
- Aquele lápis é meu. (longe de ambos) 'Far from both'

Exercícios

1) Use aquele, aquela, aqueles, aquelas:

a)_____ é meu irmão.
b)_____ é minha casa.
c)_____ são meus amigos.
d) Quanto custa_____ planta?
e) Quanto custam_____ mesas?
f)_____ são nossas vizinhas.

2) Passe para o feminino: (Change to the feminine form)

a) Aquele rapaz gosta de ler livros.
_____

b) Aqueles meninos gostam de jogar futebol.
_____

c) Aquele homem gosta de beber leite.
_____

d) Aquele ator gosta de falar alto.
_____

e) Aqueles gatos gostam de tomar banho.
_____

3) Siga o modelo: (Follow the example)

a) o lápis- Este **aqui** é meu lápis. Esse **aí** é seu lápis. Aqueles **ali** são nossos lápis.
b) o copo-_____
c) o caderno-_____
d) a prancha-_____
e) a praia-_____

DIA A DIA
Edinaldo E. Santo

Pronome demonstrativo IV ~ isto, isso, aquilo (the neutral ones)

Use isto, isso and aquilo when you don't know the name or you don't want to name the object you are talking about. These pronouns don't have gender (fem/masc) or plural form. They are generally not used to talk about people, only objects.

Exemplos: -O que é isto?   -O que é isso em suas mãos?   -Quanto custa aquilo?
         (what is this?)   (What is that in your hands?)   (How much is that 'thing'?)

Exercícios

1) Complete com isto, isso ou aquilo.

a) Você quer _____? (perto de você) (near you)
b) Você sabe o que é_____? (longe de ambos) (far from both)
c) O que é _____ na sua bolsa? (perto da pessoa com quem se fala) (near the person with who you talk)

2) Complete os espaços com um pronome demonstrativo: (esse/essa(s) este/esta(s) aquele/aquela(s) isso, isto, aquilo.

a) Quanto custa_____sapato ali? (longe de ambos)
b) O que é_____nos seus cabelos? (perto da pessoa com quem se fala)
c)_____é meu amigo Fernando. (perto de quem fala)
d) O que é_____no céu? (longe de ambos)
e) Quem é_____que está com você? (perto da pessoa com quem se fala)
f) Quem é_____que está com Rita? (longe de ambos)

3) Palavras Cruzadas: **PRONOMES DEMONSTRATIVOS**

Vertical
1. Um homem longe de você.
2. Veja_____em minhas mãos.
3. _____brinco é seu?

Horizontal
1. Uma nova amiga.
2. O que é_____ali?
3. Quem são_____moças com Fernando?
4. O que é_____no seu pescoço?

Provérbios

Atrás de um grande homem, há sempre uma grande mulher.

DIA A DIA
Edinaldo E. Santo

Adjetivos: Adjetivo é a palavra que usamos junto ao substantivo, modificando-o e dando informação a seu respeito. **(Describing words or adjectives. In Portuguese they generally come after the word (noun) they describe. When they come before, they have a different meaning.)**

Casa grande = big house BUT grande casa = a great house

Exemplo: Um homem **baixo, feio** e **gordo**.   O menino está **triste**. — SAD
A casa velha. As casas velhas.   Os meninos **estão** tristes.

o homem **cansado/ velho/ rico**	a escola **vazia/cheia** (empty / full)
o carro **novo/ limpo**	a amiga **rica**
o filho **educado/ machucado** (injured)	a criança **faminta** → hungry child
O rio **estreito/ longo** (narrow)	a dança **lenta** (slow dance)
o animal **triste** (sad)	a mulher **independente**
o natal **especial**	a menina **inteligente**
o campeão **feliz** — happy champion?	A mensagem **importante**
o esposo **fiel/ infiel** (faithful / unfaithful)	a canção **triste** (sorry)

Exercícios

1) Complete as sentenças abaixo usando adjetivos. (Complete the sentences below using adjectives)

a) Meu irmão é _____ e _____
b) Eu tenho um carro. Ele é _____ e _____
c) Meu primo José tem uma esposa _____ e _____
d) Eu conheço um lugar muito _____ e _____
e) Aquela rua é _____ e _____
f) A praia está _____ e _____ hoje.
g) As pessoas estão muito _____ e _____

2) Passe para o feminino: (Change to the feminine form)

a) O homem **triste**=   b) O menino **inteligente**=
c) O pai **cansado**=   d) O irmão **alto**=
e) O primo **zangado**= (angry)   f) O gato **marrom**=
g) O sobrinho **casado**=   h) O sogro **velho**= (Father-in-law)

3) Passe para o masculino: (Change to the masculine form)

a) Minha tia tem duas filhas **casadas**. _____.
b) Minha mãe está **feliz**. _____.
c) A irmã dela é **honesta**. _____.
d) Minha sogra está **zangada**. _____.
e) Nossa vizinha é **chata**. _____.
f) Nossas amigas são **italianas**. _____.

DIA A DIA
Edinaldo E. Santo

| triste- feliz- doente- magro -alto - verde- roxo- marrom- cinza- bom- mau- |

4) Complete os espaços com um dos adjetivos acima:

a) Eu canto quando estou _____.
b) Pedro é __magro__, porque come pouco.
c) Helena está no hospital. Ela está __doente__.
d) Eu tenho um cachorro __cinza__ e outro __marrom__.
e) Henrique está com o olho __roxo__.
f) Paulo não é _____. Ele é **baixo**.
g) Pedro é __bom__, mas seu irmão é **mau**.

5) Responda:
a) Você é **inteligente**? Sim, eu _____.
b) Ela está **triste**? _____.
c) Você tem um carro **novo**? _____.
d) Pedro é **fiel**? _____.
e) O pai dele é **velho**? _____.
f) Sua casa é **azul**? _____.
g) Seu irmão é **alto**? _____.
h) Seu cachorro é **verde**? _____.
i) Você é **feliz**? _____.

6) Relacione os **adjetivos** opostos: (Match the opposite adjectives)

a) homem alto   ( ) criança má
b) moça bonita   ( ) pessoas tristes
c) meninos calmos ( ) lugar feio
d) rapazes felizes ( ) prédio baixo
e) pessoas ricas   ( ) chefe nervoso
f) filho bom   ( ) menino pobre

g) escola cheia   ( ) menina fraca
h) copo novo   ( ) carro novo
i) dia quente   ( ) noite fria
j) mulher casada   ( ) parque vazio
k) pai forte   ( ) camisa velha
l) livro usado   ( ) rapaz solteiro

7) Encontre as palavras abaixo no diagrama:

a) SLIM= magro
b) TALL= alto
c) SAD= triste
d) PRETTY= bonita
e) RICH= rico
f) IMPORTANT= importante

R	R	T	O	S	R	O	S	C	R
S	T	B	O	N	I	T	A	R	R
S	R	B	O	S	C	L	C	O	T
S	T	B	B	C	O	A	B	B	R
T	R	R	T	R	R	R	R	O	B
R	T	S	S	S	T	T	T	O	T
I	M	A	G	R	O	O	S	R	R
S	O	O	S	O	O	S	S	R	R
T	O	O	S	R	R	O	T	R	T
E	T	N	A	T	R	O	P	M	I

DIA A DIA
Edinaldo E. Santo

CORES

VERDE — A mancha é verde.

BRANCO — A nuvem é branca.

PRETO — A flecha é preta.

VERMELHO — A maçã é vermelha.

LARANJA — A estrela é laranja.

AMARELO — A banana é amarela.

CINZA — A chave é cinza.

AZUL — O guarda-chuva é azul.

ROXO — O abajur é roxo.

Exercícios

1) Complete os espaços abaixo, usando cores: (Complete the gaps below, using colours)

a) O céu é _____ com nuvens _____ e um sol _____.
b) Seus olhos são _____ e meus cabelos _____.
c) Eu tenho um cachorro _____ e um gato _____.
d) As folhas das plantas são _____
e) Meu vizinho tem um carro _____. A casa dele é _____.
f) Tenho quatro canetas: _____, _____, _____ e _____.

DIA A DIA
Edinaldo E. Santo

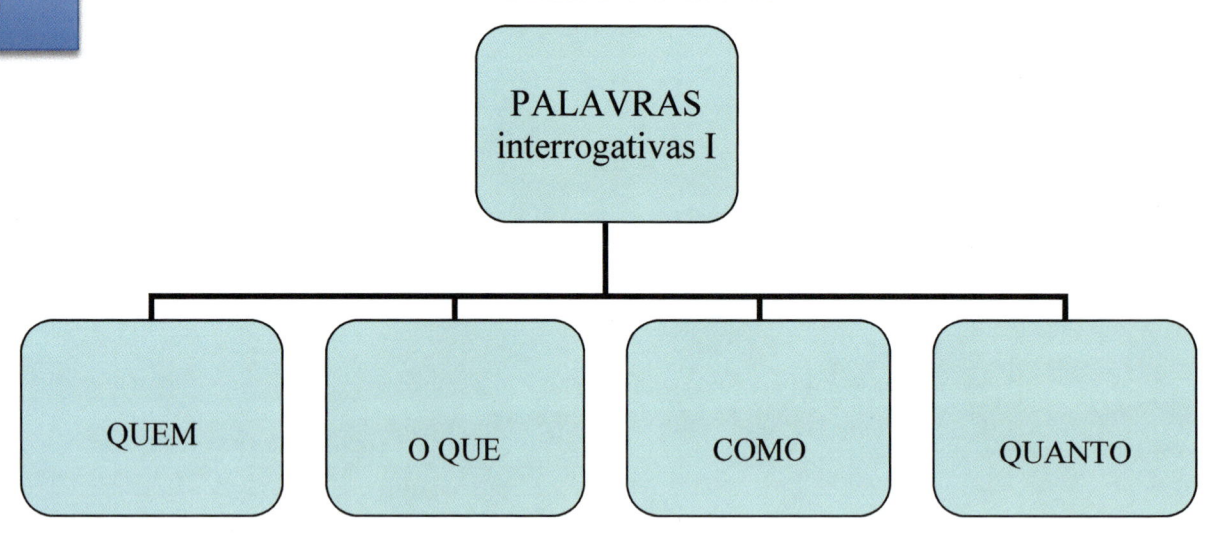

PALAVRAS interrogativas I

- QUEM
- O QUE
- COMO
- QUANTO

Exemplos:

| **Quem** é ela? | **O que** você faz? | **Como** está você? | **Quanto** custa o carro? |

Exercícios

1) Responda:

a) Quem são eles? _____
b) O que eles fazem?_____
c) Como está a Ana?_____
d) Quanto custa o quilo do feijão?_____
e) Quanto custa este computador?_____
f) Quanto custa uma passagem de ônibus?_____
g) Quanto você quer?_____
h) Quanto você quer pela casa?_____
i) Quanto você quer pelo livro?_____
j) Quem é Robbie Williams? _____
k) Como estão seus amigos?_____
l) Quanto custa um litro de leite?_____
m) O que você faz? _____

2) Responda:

O que/ o quê?

a) O que você faz? Eu sou_____.
b) O que você estuda? Eu_____.
c) Você quer beber, o quê?_____.
d) O que ela quer saber?_____a verdade.
e) O que você quer ouvir?_____música lenta.
f) O que ela gosta de fazer?_____dançar. (cantar/ beber)
g) O que você gosta de fazer?_____.

DIA A DIA
Edinaldo E. Santo

Como?

a) Como está você? _____, obrigado.
b) Como você se chama? _____.
c) Como você diz **I love England** em português? _____.
d) Como vai seu amigo Pedro? _____.

Quem?

a) Quem é ela? _____.
b) Quem é a rainha da Inglaterra? _____.
c) Quem é o/a presidente(a) do Brasil? _____.
d) Quem está aí? _____.
e) Quem gosta de dançar samba? _____.
f) Quem fala? _____.

Quanto?

a) Quanto custa uma passagem de ônibus?
_____.

b) Quanto custa o ingresso?
_____.

c) Quanto custa a garrafa de vinho?
_____.

d) Quanto custa o quilo de tomate?
_____.

e) Quanto custa a dúzia de bananas?
_____.

f) Quanto custa uma dúzia de ovos?
_____.

g) Quanto custa uma passagem de avião?
_____.

h) Quanto custa o bilhete do metrô?
_____.

i) Quanto custa um computador?
_____.

3) Agora faça a pergunta: (Now ask the question)

a) Como _____?
b) O que _____?
c) Quem _____?
d) Quanto _____?

Exercícios de revisão

1) Responda:

a) Quem são aqueles jovens?
_____(meus amigos)
b) Quanto custa aquela planta?
_____(reais/libras)
c) Quem é aquela moça?
_____(prima)

2) Complete com aquele/ aquela/ aqueles/ aquelas.

a)_____ é a minha casa.
b) Eu quero _____ rádio.
c)_____ moço é dentista.
d)_____ jovem é muito simpático.
e) Quanto custa_____ televisão?

3) Coloque as palavras na ordem correta:

a) amigos/são/ aqueles/jovens/meus _____
b) gostam/falar/jovens/de/alto._____
c) aquelas/quem/meninas/são?_____
d) ali/ aquele/ é/ irmão/ meu. _____

4) Faça a pergunta:

a)..
   Não, aquela moça não é casada. Ela é solteira.

b)..
   Ele se chama Pedro e ela se chama Ana.

c)..
   Sim, nós temos um carro azul e uma casa na praia.

d)..
   Estes dois rapazes são meus primos Fernando e Antônio.

e)..
   Não, eles não gostam de café preto, mas gostam de chá com leite.

f)..
   Ela é enfermeira e ele é advogado.

DIA A DIA
Edinaldo E. Santo

5) Ouça o professor e escreva as frases que ele ditar.

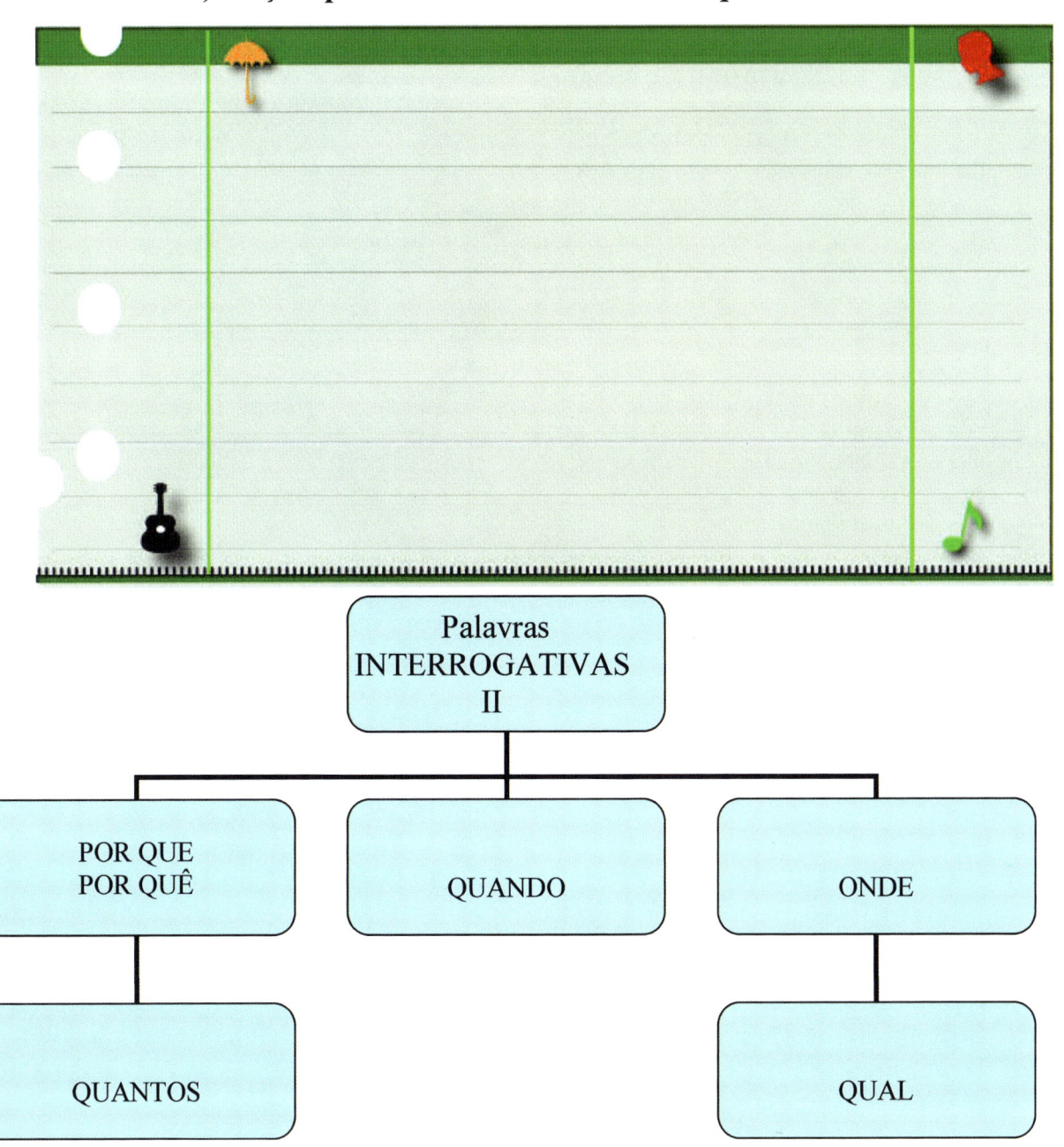

```
Palavras
INTERROGATIVAS
II
```

- POR QUE / POR QUÊ
- QUANDO
- ONDE
- QUANTOS
- QUAL

Exemplos:

- **Por que** você estuda português?
- **Quando** você estuda português?
- **Onde** você estuda português?
- **Quantos** irmãos você tem?
- **Quantas** frutas você quer?
- **Qual** você quer?

Respostas possíveis

Estudo português, porque gosto.
Eu estudo toda semana.
Eu estudo português na London Lessons.
Tenho três irmãos.
Quero três maçãs.
Eu quero este/a, esse/a, aquele/a.

DIA A DIA
Edinaldo E. Santo

Por que, por quê, porque, o porquê

1. Por que= No começo de uma sentença.
2. Por quê= No final de uma sentença ou sozinho.
3. porque= Usado em respostas.
4. o porquê= substantivo (motivo, razão)

De onde, onde, aonde

1. De onde= Usado para saber origem ou lugar.
2. Onde= Usado com verbos que não indiquem movimento.
3. Aonde= Usado com verbos que indiquem movimento. (ir)

Exercícios

1) Responda:

a) Por que ela estuda alemão?_____
b) Quando você trabalha?_____
c) Onde você trabalha?_____
d) Você trabalha, por quê?_____
e) Quando você estuda?_____
f) De onde você é?_____
g) Onde você está?_____
h) Quantos primos você tem?_____
i) Onde está meu casaco?_____
j) Aonde você vai aos sábados?_____
k) De onde Janete vem?_____
l) Qual você quer usar?_____

2) Responda: **De Onde/ onde/ Aonde?**

a) Onde você está? Eu _____.
b) Onde está meu livro? Seu livro _____.
c) Onde estão meus óculos? Seus óculos _____.
d) Onde é a festa? A festa é _____.
e) De onde você é? Eu _____.
f) De onde você vem? Eu venho _____.
g) De onde ela é? _____.
h) Aonde eles vão às terças? _____.

Quando?

a) Quando é a festa? _____.
b) Quando você estuda português? _____.
c) Quando você trabalha? _____.
d) Quando você janta fora?_____.
e) Quando ela bebe vinho? _____.
f) Quando eles partem? _____.
g) Quando você faz natação? _____.

DIA A DIA
Edinaldo E. Santo

23

Por que/ Por quê?

Trabalhar – **AR**
Eu trabalho
Você ⎫
Ele ⎬ trabalha
Ela ⎭
Nós trabalhamos
Vocês ⎫
Eles ⎬ trabalham
Elas ⎭

a) Por que você trabalha todos os dias?
_____, porque preciso.
b) Por que você estuda português?
_____, porque gosto.
c) Você dorme cedo, por quê?
_____, porque levanto cedo.
d) Por que você não gosta de feijoada?
_____, porque é muito forte.
e) Por que você não gosta do Pedro?
_____, porque ele é chato.

Quantos/ Quantas

Dizer – **ER**
Eu digo
Você ⎫
Ele ⎬ diz
Ela ⎭
Nós dizemos
Vocês ⎫
Eles ⎬ dizem
Elas ⎭

a) Quantos primos e primas você tem?
_____
b) Quantos filhos ela tem?
_____três filhos.
c) Quantos vestidos Marta tem?
_____apenas um vestido.
d) Quantos países você conhece?
_____
e) Quantas letras tem a palavra **português**?
_____
f) Quantos rapazes e moças há nesta sala?
_____

3) Complete com o pronome/advérbio interrogativo adequado:

a) _____ custam duas dúzias de ovos? (How much)
b) _____ Henrique está na Austrália? (Why)
c) _____ Fátima é? (Where from)
d) _____ você se chama? (How)
e) _____ está meu livro? (Where)
f) _____ você assiste à televisão? (When)
g) _____ é ele? (Who)
h) _____ tios ele tem? (How many)
i) _____ você diz? (What)
j) _____ ela acha? (What)

Dormir – **IR**
Eu durmo
Você ⎫
Ele ⎬ dorme
Ela ⎭
Nós dormimos
Vocês ⎫
Eles ⎬ dormem
Elas ⎭

Provérbios

Cachorro que late muito, não morde.

DIA A DIA
Edinaldo E. Santo

4) Faça a pergunta:

a)_____?
   Eu estudo todas as terças.
b)_____?
   Ele viaja todos os anos, porque gosta.
c)_____?
   Eles são da Itália.
d)_____?
   Aquele computador custa dois mil e trezentos reais.
e)_____?
   Aquela moça é minha prima.
f)_____?
   Ele quer beber vinho.

nome: Zabaglione
idade: dezoito anos
cor da pele: rosa
cor dos olhos: verdes
profissão: estudante
signo: peixes
nascimento: 03/março/83
irmãos: dois
país: Brasil
nacionalidade: brasileiro(a)*
nac. da mãe: australiana
nac. do pai: brasileiro(a)

cor predileta: azul
prato favorito: lazanha
grupo preferido: ABBA
dia da semana: sábado

1) Responda de acordo com as informações acima.

a) Qual é o nome do personagem da foto? _____
b) Quantos anos ele tem?_____
c) Qual é a cor dos olhos de Zabaglione?_____
d) Qual é a cor da pele dele?_____
e) O que Zabaglione faz?_____
f) Onde Zabaglione nasceu?_____
g) Qual é a cor que ele mais gosta?_____
h) Qual é o prato preferido de Zabaglione?_____
i) De onde os pais dele são?_____

*When filling a form, some authors believe you should agree someone's nationality in gender with the word 'nacionalidade' which in Portuguese is feminine, so it should always be brasileira, francesa, inglesa, americana etc, while others believe it should agree with the person, so Pedro, nacionalidade brasileiro e Rita, nacionalidade francesa.

DIA A DIA
Edinaldo E. Santo

2) Responda:

a) Qual é a cor dos seus olhos?_____.
b) Qual é a cor da sua camisa?_____.
c) Qual é a cor do seu celular?_____.
d) Qual é a cor do seu sapato?_____.

3) Este é o Felipinho. Olhe a foto e responda às perguntas abaixo:

a) Qual é a profissão de Felipinho?
_____

b) Qual é a cor dos olhos dele?
_____

c) Qual é a cor das calças dele?
_____

d) Qual é a cor dos sapatos dele?
_____

4) Dê uma cor para cada um dos itens abaixo:

a) leite=_____   b) café=_____

c) chocolate=_____   d) esquilo=_____

e) melancia=_____   f) arroz=_____

g) molho de tomate=_____   h) mostarda=_____

i) uva=_____   j) limão=_____

5) Coloque as cores no lugar correto:

rosa – laranja – vermelho
amarelo – azul – marrom
roxo – cinza – branco –
verde

purple		orange	
green		red	
blue		pink	
white		brown	
grey		yellow	

25

Exercícios

1) Passe as sentenças abaixo para o feminino.

a) Meu amigo é muito inteligente._____
b) O menino está sujo._____
c) Meus primos são ricos._____
d) Teu cunhado é jovem._____

2) Dê o oposto dos adjetivos abaixo.

a) feliz=_____ b) velho=_____ c) alto=_____

d) rico=_____ e) alegre=_____ f) grande=_____

g) feio=_____ h) jovem=_____ i) bom=_____

3) Complete as frases:

a) Paulo tem um_____ muito_____
que está sempre_____. Seu amigo tem um carro
_____ e uma casa_____.
Ele é casado com Ana. Ela é _____ e _____

b) Meu irmão é bastante_____. Ele tem muito dinheiro. Ele compra um carro _____ todo ano. Seu amigo Pedro é o oposto. Ele é_____ e nunca tem dinheiro. Ele não tem carro, mas tem uma bicicleta_____.

4) Responda às perguntas abaixo.

a) Qual é a cor do céu?_____
b) Qual é a cor do seu carro?_____
c) Qual é a cor das nuvens?_____

5) Faça a pergunta:
a)_____
   Sim, eu gosto de nadar todo sábado de manhã.
b)_____
   Não, ele não gosta de acordar cedo todo fim de semana.
c)_____
   Sim, meus amigos Pedro e Rita gostam de viajar todo ano.
d)_____
   Não, nós não gostamos de pescar.
e)_____
   Sim, ela gosta de assistir à televisão toda tarde.

DIA A DIA
Edinaldo E. Santo

Vamos praticar?

1) Use seu dicionário e dê o oposto das palavras abaixo.

a) A casa está limpa._____
b) O carro é grande._____
c) O homem é pobre._____
d) A criança é triste._____

2) Complete os espaços com um adjetivo adequado:

a) Meu filho é muito_____ e sua namorada é bastante_____
b) O rapaz é _____ e a mãe é australiana.
c) Tenho um amigo_____ e outro muito pobre.
d) Ele agora tem um carro_____ e_____

3) Responda às perguntas abaixo.

a) Qual é a cor da sua casa?_____
b) Qual é a cor do seu carro?_____
c) Qual é a cor da sua bolsa?_____
d) Qual é a cor dos seus olhos?_____

4) Dê uma cor para cada um dos itens abaixo.

a) mamão_____ b) pêssego_____ c) melão_____

d) limão_____ e) laranja_____ f) pêra_____

5) Use os verbos abaixo e escreva uma sentença com cada um deles.

acreditar – almoçar – andar – cantar – conversar – dançar

_____
_____
_____
_____
_____
_____

27

Exercícios

1) Use as palavras abaixo e diga em quem/ em que essas pessoas acreditam.

bruxa – gnomo – Branca de Neve – Papai Noel – fantasma – disco-voador – em mim

Exemplo: Paulo acredita **em** lobisomem. Ele não acredita **em** Frankstein.

Ana_____

Rita_____

Benedito_____

Cristian_____

Kátia_____

2) Responda:

a) Angela almoça **com** Rita todo dia?_____

b) Ela almoça **em** casa ou **no** restaurante?_____

c) Rita ama Paulo?_____

d) Eles andam **de** bicicleta **aos** sábados?_____

e) Marta canta bem? _____

f) Marta canta **com** Henrique?_____

g) Você confia **em** mim?_____

h) Inês conversa **com** anjos?_____

3) Passe as frases para a forma negativa, dando outra resposta.

Ex: Ela fala português. Ela **não** fala português. Ela fala italiano e francês.

a) Eles conversam **com** os vizinhos toda noite.

b) Ela dança ballet todo fim de semana.

c) Eles dançam **com** os amigos.

d) O menino escuta o professor durante a aula.

e) Ela janta **com** amigos nos fins de semana.

DIA A DIA
Edinaldo E. Santo

Leia o texto abaixo

-Boa tarde. Chamo-me Paulo. Tenho trinta e cinco anos e sou do Rio de Janeiro, no Brasil.
-Sou casado com Fátima. Minha esposa tem trinta e três anos de idade e é portuguesa. Ela nasceu em Lisboa.
-Nós temos um filho. Ele se chama Gustavo. Meu filho tem dez anos de idade e é estudante.
-Gustavo fala português e inglês. Ele entende **um pouco de** alemão.
-Minha esposa não fala inglês, **mas** estuda. Ela fala espanhol e francês fluentemente.
-Eu **não** falo inglês e também não falo francês.

1) Responda:

a) Quantos anos tem Paulo?_____
b) De onde ele é?_____
c) Qual é o seu estado civil?_____
d) Como se chama sua esposa?_____
e) Ela é brasileira?_____
f) Onde ela nasceu?_____
g) Eles têm filhos? Quantos?_____
h) Gustavo fala algum idioma?_____
i) Que idioma ele entende um pouco?_____

2) **REESCREVA** as frases abaixo, como no modelo.

Eles estudam português-----→ Eles estudam português toda segunda. (Every Monday)

a) Elas falam francês._____ (Every Saturday)
b) Ana e Paula viajam. _____ (Every year)
c) Eles estudam espanhol._____ (Every Friday)
d) André e Guga estudam química_____ (Every month)

3) Faça a pergunta:

a)_____
   Sim, elas estudam espanhol e italiano toda sexta-feira.
b)_____
   Nós viajamos todos os anos.
c)_____
   Ana e Fernanda estudam inglês, porque gostam.
d)_____
   Sim, elas entendem espanhol muito bem.
e)_____
   Não, nós não sabemos japonês, mas entendemos um pouco de francês.

Revisão:

Números – II			
01-um/uma	11- onze	21- vinte e um/uma	
02- dois/duas	12- doze	22- vinte e dois/duas	
03-três	13- treze	23- vinte e três	
04-quatro	14- quatorze	24- vinte e quatro	
05-cinco	15- quinze	25- vinte e cinco	
06-seis	16- dezesseis	26- vinte e seis	30- trinta
07-sete	17- dezessete	27- vinte e sete	40- quarenta
08-oito	18- dezoito	28- vinte e oito	50- cinquenta
09-nove	19- dezenove	29- vinte e nove	
10-dez	20- vinte		

Vocabulário:

- O avô
- A avó
- Os avós

- A criança
- O menino/ rapaz
- A menina/moça

- O sobrinho
- A sobrinha
- Os sobrinhos

Entrevista rápida:

a) Cor favorita:..
b) Dia da semana...
c) Praia ou campo?..
d) Dia ou noite?...
e) Carne ou legumes?..
f) Vinho ou cerveja?..
g) Um filme inesquecível..
h) Uma frase importante..
i) Um medo...
j) Um programa de televisão...
k) Um ano especial..
l) Um lugar no mundo...
m) Um vício..
n) Um homem bonito..
o) Uma mulher linda...
p) Cachorro ou gato?...
q) Seu signo..
r) Um programa estúpido..
s) Uma música marcante...
t) Uma pessoa irritante..
u) Verão ou inverno?..

DIA A DIA
Edinaldo E. Santo

Verbos – AR (with some prepositions)

Acreditar em/no/na	Almoçar em/com/às	Amar	Andar (de)
Eu acredito Você acredita Ele/ela acredita Nós acreditamos Vocês acreditam Eles/elas acreditam	Eu almoço Você almoça Ele/ela almoça Nós almoçamos Vocês almoçam Eles/elas almoçam	Eu amo Você ama Ele/ela ama Nós amamos Vocês amam Eles/elas amam	Eu ando Você anda Ele/ela anda Nós andamos Vocês andam Eles/elas andam

Cantar com/ em	Confiar em/no/na	Conversar com/sobre	Dançar com/em/às
Eu canto Você canta Ele/ela canta Nós cantamos Vocês cantam Eles/elas cantam	Eu confio Você confia Ele/ela confia Nós confiamos Vocês confiam Eles/elas confiam	Eu converso Você conversa Ele/ela conversa Nós conversamos Vocês conversam Eles/elas conversam	Eu danço Você dança Ele/ela dança Nós dançamos Vocês dançam Eles/elas dançam

Escutar	Estudar às/com/em	Falar com/sobre	Gostar de
Eu escuto Você escuta Ele/ela escuta Nós escutamos Vocês escutam Eles/elas escutam	Eu estudo Você estuda Ele/ela estuda Nós estudamos Vocês estudam Eles/elas estudam	Eu falo Você fala Ele/ela fala Nós falamos Vocês falam Eles/elas falam	Eu gosto Você gosta Ele/ela gosta Nós gostamos Vocês gostam Eles/Elas gostam

Jantar com/em/às	Levantar-se às	Nadar em/ às/com	Odiar
Eu janto Você janta Ele/ela janta Nós jantamos Vocês jantam Eles/elas jantam	Eu me levanto Você se levanta Ele/ela se levanta Nós nos levantamos Vocês se levantam Eles/elas se levantam	Eu nado Você nada Ele/ela nada Nós nadamos Vocês nadam Eles/elas nadam	Eu odeio Você odeia Ele/ela odeia Nós odiamos Vocês odeiam Eles/elas odeiam

*For the 1st person of plural 'nós' of regular verbs, such as 'acreditar' and most verbs in this page, the present and past are the same. Nowadays the past has an accent 'acreditámos' for the past, but this is not compulsory. So 'Nós acreditamos' can mean 'We believe' and 'We believed' and so on.

Verbos – AR – lista 2

Acordar às	Acostumar-se com	Adiar	Ajeitar
Eu acordo	Eu me acostumo	Eu adio	Eu ajeito
Você acorda	Você se acostuma	Você adia	Você ajeita
Ele/ela acorda	Ele/ela se acostuma	Ele/ela adia	Ele/ela ajeita
Nós acordamos	Nós nos acostumamos	Nós adiamos	Nós ajeitamos
Vocês acordam	Vocês se acostumam	Vocês adiam	Vocês ajeitam
Eles/elas acordam	Eles/elas se acostumam	Eles/elas adiam	Eles/elas ajeitam

Alimentar	Alugar	Amenizar	Anexar
Eu alimento	Eu alugo	Eu amenizo	Eu anexo
Você alimenta	Você aluga	Você ameniza	Você anexa
Ele/ela alimenta	Ele/ela aluga	Ele/ela ameniza	Ele/ela anexa
Nós alimentamos	Nós alugamos	Nós amenizamos	Nós anexamos
Vocês alimentam	Vocês alugam	Vocês amenizam	Vocês anexam
Eles/elas alimentam	Eles/elas alugam	Eles/elas amenizam	Eles/elas anexam

Assar	Atirar em/no/na	Atualizar	Buscar
Eu asso	Eu atiro	Eu atualizo	Eu busco
Você assa	Você atira	Você atualiza	Você busca
Ele/ela assa	Ele/ela atira	Ele/ela atualiza	Ele/ela busca
Nós assamos	Nós atiramos	Nós atualizamos	Nós buscamos
Vocês assam	Vocês atiram	Vocês atualizam	Vocês buscam
Eles/elas assam	Eles/elas atiram	Eles/elas atualizam	Eles/Elas buscam

Comemorar com/às	Deixar em/no/na	Esperar às	Finalizar
Eu comemoro	Eu deixo	Eu espero	Eu finalizo
Você comemora	Você deixa	Você espera	Você finaliza
Ele/ela comemora	Ele/ela deixa	Ele/ela espera	Ele/ela finaliza
Nós comemoramos	Nós deixamos	Nós esperamos	Nós finalizamos
Vocês comemoram	Vocês deixam	Vocês esperam	Vocês finalizam
Eles/elas comemoram	Eles/elas deixam	Eles/elas esperam	Eles/elas finalizam

Verbos – ER-IR

Beber em/com/às	Comer com/às	Conhecer	Correr às/em/com
Eu bebo Você bebe Ele/ela bebe Nós bebemos Vocês bebem Eles/elas bebem	Eu como Você come Ele/ela come Nós comemos Vocês comem Eles/elas comem	Eu conheço Você conhece Ele/ela conhece Nós conhecemos Vocês conhecem Eles/elas conhecem	Eu corro Você corre Ele/ela corre Nós corremos Vocês correm Eles/elas correm

Saber	Vencer	Vender	Ver
Eu sei Você sabe Ele/ela sabe Nós sabemos Vocês sabem Eles/elas sabem	Eu venço Você vence Ele/ela vence Nós vencemos Vocês vencem Eles/elas vencem	Eu vendo Você vende Ele/ela vende Nós vendemos Vocês vendem Eles/elas vendem	Eu vejo Você vê Ele/ela vê Nós vemos Vocês veem Eles/elas veem

Viver em/com	Dirigir	Dormir às/em	Ir para/com/às
Eu vivo Você vive Ele/ela vive Nós vivemos Vocês vivem Eles/elas vivem	Eu dirijo Você dirige Ele/ela dirige Nós dirigimos Vocês dirigem Eles/elas dirigem	Eu durmo Você dorme Ele/ela dorme Nós dormimos Vocês dormem Eles/elas dormem	Eu vou Você vai Ele/ela vai Nós vamos Vocês vão Eles/elas vão

Ouvir	Partir às/para	Pedir para	Vir com/às
Eu ouço Você ouve Ele/ela ouve Nós ouvimos Vocês ouvem Eles/elas ouvem	Eu parto Você parte Ele/ela parte Nós partimos Vocês partem Eles/elas partem	Eu peço Você pede Ele/ela pede Nós pedimos Vocês pedem Eles/elas pedem	Eu venho Você vem Ele/ela vem Nós vimos Vocês vêm Eles/elas vêm

London Lessons
Learning with confidence

1 Goldhawk road – W12 8QQ   -   07855 287 835

Assessment 2 – Level One (books one and two)

Part One:

1) **Responda às perguntas abaixo:**

a) Você gosta de futebol?..

b) O que você gosta de fazer no fim de semana?...

c) Para onde você viaja nas férias?..

d) Onde você trabalha?..

2) **Traduza as frases abaixo:**

a) My brother and his wife have two children..

b) Do you get up early or late?...

c) They have dinner together at 7pm...

d) They don't believe in ghosts or gnomes. ....

3) **Leia e responda:**

Paulo é do Brasil. Ele trabalha em um escritório em São Paulo. Paulo acorda cedo e trabalha até tarde. Ele tem vinte e cinco anos e é casado. Sua esposa se chama Cecília. Eles não têm filhos. Paulo estuda psicologia. Ele e sua esposa viajam todos os anos. Eles gostam de viajar e gostam de ir para a praia. Paulo gosta de tomar o café da manhã em casa, mas ele almoça no escritório.

a) Onde Paulo nasceu?..

b) Quantos filhos Paulo tem?....................................

c) Para onde eles viajam?...

....

d) Onde ele almoça?..

4) **Dê uma cor para cada um dos itens abaixo:**

a) tomate=.. b) limão=..

c) olhos=.. d) cachorro=...

e) laranja=....................................... f) maçã=...

Part Two: Escute o seu professor e escreva 3 perguntas:

Part Three: Comente sobre uma foto:

Part One................
Part Two................
Part Three.............
Final Mark:...........

Log on to **http://london-portugueselessons.co.uk** and send your test to the author to be corrected and please send us a txt msg to book a time to do part 2 and 3 over the Internet.

BRAZILIAN PORTUGUESE

DIA A DIA

PARTE 3

© Edinaldo do Espírito Santo

London Lessons
Learning with confidence

DIA A DIA
Edinaldo E. Santo

Contents

PARTE 3 (PART THREE)

Numbers: 10 -1000 →3
Presente Continuous →4
Ordinal numbers I →8
On, every, whole: →9
Prepositions I: From-To, In, On →10
Prepositions II: In, To →11
Prepositions III: On, To, For, At →12,13,14,15
Ordinal numbers II →15
Immediate Future →17
Simple Future →20
Imperative Form →25

DIA A DIA
Edinaldo E. Santo

	Números	
10- dez	090- noventa	600 - seiscentos (as)
20- vinte	100- cem	700 - setecentos(as)
30- trinta	101- cento e um	800 - oitocentos(as)
40- quarenta	110- cento e dez	900 - novecentos(as)
50- cinquenta	200- duzentos(as)	1000 - mil
60- sessenta	300- trezentos (as)	
70- setenta	400- quatrocentos (as)	
80- oitenta	500- quinhentos (as)	

1) Responda:

a) Quantos carros o empresário tem? (10)_____
b) Quantas pessoas há na festa?(830)_____
c) Quantos homens estão de terno? (435)_____
d) Quantos convidados estão presentes? (50)_____
e) Quantos litros de vinho nós temos? (260)_____
f) Quantas mulheres estão de chapéu?(30)_____
g) Quantos jornalistas há no salão?_____

2) Escreva os números abaixo.

a) 165=_____
b) 432=_____
c) 915=_____
d) 380 pessoas=_____
e) 59 casas=_____
f) 999 convidados=_____

3) Faça o cálculo e escreva por extenso.

a) trezentos **mais** duzentos e cinquenta é igual a _____
b) cem mais sessenta é igual a_____
c) oitenta **menos** seis é igual a_____
d) quatorze mais seis é igual a_____
e) oito mais oitenta é igual a_____
f) mil menos dez é igual a_____
g) cento e dez menos nove é igual a_____
h) duas **vezes** vinte é igual a_____
i) três vezes dez é igual a_____
j) duas vezes cinquenta e cinco é igual a_____
k) três vezes cinquenta é igual a_____
l) trinta **dividido** por dois é igual a_____
m) noventa dividido por dez é igual a_____

DIA A DIA
Edinaldo E. Santo

Presente Contínuo

Usa-se o verbo ESTAR no presente:
(eu estou, você está, nós estamos, vocês estão) + o verbo principal no gerúndio. (in Brasil)

Infinitivo   **Presente**   **Presente Contínuo**

falar----------------------→Eu falo.----------------------→Eu est**ou** fala**ndo**.
beber---------------------→Ele bebe.-------------------→Ele est**á** bebe**ndo**.
sair-----------------------→Nós saimos.----------------→Nós est**amos** sai**ndo**.

Exemplo:
Eu est**ou** escrev**endo** uma carta para o meu amigo.
Ana est**á** conversa**ndo** com Paula no jardim.
Eles est**ão** nada**ndo** na piscina.

Tipos de perguntas:

O que **você** está fazendo?   **Eu** estou cozinhando.
O que **ele** está fazendo?   **Ele** está brincando.

O que você está lendo?   Eu estou lendo **um livro de poesias.**
O que ele está comendo?   Ele está comendo **pizza**.

Você está bebendo **leite**?   Não, estou bebendo **água**.
Eva está trabalhando hoje?   Sim, ela está trabalhando hoje.

Onde você está dormindo?   Eu estou dormindo **em um hotel**.
Por que ele está cantando?   Ele está cantando, **porque está feliz**.

Vamos praticar

1) Responda:

a) O que você está fazendo? _____
    I am studying.
b) O que ele está comendo? _____
    He is eating popcorn.
c) Quem está falando na tv? _____

d) Para quem você está telefonando? _____

e) Por que você está correndo? _____

f) Onde as crianças estão brincando?_____

ESCONDE
ESCONDE

BATE CARA,
KAUÊ!

DIA A DIA
Edinaldo E. Santo

2) Faça a pergunta:

a) _____.
   Eu estou comendo **pizza**.
b) _____.
   Eu estou escrevendo **uma carta**.
c) _____.
   Eu estou bebendo **vinho**.
d) _____.
   Ele está estudando.
e) _____.
   Elas estão estudando **química**.
f) _____.
   Eu estou cantando, **porque estou feliz**.
g) _____.
   Eu estou comendo, **porque estou com fome**.
h) _____.
   Eles estão estudando **em Oxford**.
i) _____.
   Helena está dançando **na discoteca**.
j) _____.
   Eu estou trabalhando **em um hotel**.

3) Siga o modelo: (Use as palavras: esta semana, este mês, este ano, hoje, etc)

a) Guga geralmente estuda todos os dias. Hoje ele **não** **está** estuda**ndo**.
b) Eu cuido das crianças toda semana._____.
c) Meu amigo viaja todo mês._____.
d) Ana bebe vinho todo dia._____.
e) Eu nado toda manhã._____.
f) Meus primos estudam todos os anos._____.
g) Eles sempre correm no parque._____.
h) Meu amigo faz compras todos os sábados._____.

4) Siga o modelo:

a) Eu estou comendo pão, porque estou **com** fome.   (comer pão/ fome)
b) Ele está_____.   (beber água/ sede)
c) Eles _____.   (chorar muito/ medo)
d) Ela _____.   (sofrer demais/ dor)
e) Eles_____.   (dormir bastante/ sono)
f) Ela_____.   (sentar agora/ dor na perna)
g) Nós estamos cantando, porque estamos felizes.   (cantar/ feliz)
h) Eu _____.   (correr/ atrasado)
i) As crianças_____.   (chorar/ triste)
j) Eles_____.   (rir/ contente)

DIA A DIA
Edinaldo E. Santo

5) Responda: Use as palavras entre parênteses na sua resposta.

a) Por que você está sorrindo assim?
_____(contente)
b) Por que ele está cantando tão alto?
_____(feliz)
c) Por que elas estão comendo de novo?
_____(com fome)
d) O que ele está fazendo agora?
_____(comida)
e) O que eles estão jogando na sala?
_____(cartas)
f) O que você está fazendo na academia?
_____(ginástica)
g) O que ele está lendo na cozinha?
_____(jornal)
h) O que ela está cozinhando para o jantar?
_____(arroz)
i) O que ele está lavando para você?
_____(a louça)
j) O que ela está estudando na escola?
_____(química)
k) O que você está assistindo na televisão?
_____(novela)

6) Siga o modelo:

a) O que você está fazendo, Amanda?   Eu estou lendo um livro.   (ler/livro)
b) O que Helena está fazendo? _____(assistir/futebol)
c) O que Pedro está fazendo?_____(jogar/cartas)
d) O que as crianças estão fazendo?_____(brincar)
e) O que Marta está fazendo?_____(dormir)

7) Escreva o que Pedro está fazendo.

a)_____
b)_____
c)_____

DIA A DIA
Edinaldo E. Santo

7

1) Faça a pergunta: (Use o presente simples)

a)_____
   Eu me levanto às sete e meia todo dia.
b)_____
   Eu nado no clube aos domingos e nos feriados.
c)_____
   Sim, eles nadam muito bem.
d)_____
   Não, eu não gosto de acordar cedo aos domingos.

2) Complete os espaços com o verbo adequado. Use o presente simples e presente contínuo.

a) Ele_____vinho durante o jantar. (drink)
b) Ela não_____bem, porque está doente. (eat)
c) Eles_____a irmã em Portugal. (visit)
d) Meu amigo_____toda manhã. (run/jog)
e) Pedro_____pela Europa. (travel)
f) André _____na rua. (fight)

3) Responda usando o presente continuo. (As perguntas estão no presente simples)

a) O que o menino vende nas ruas de São Paulo?
_____
b) Quem ela vê todo dia?
_____
c) Quem vive mais, o homem ou a mulher?
_____
d) Eles dormem até tarde todo final de semana?
_____
e) Aonde você vai aos sábados?
_____
f) Quem vai à Itália todo ano?
_____

4) Passe as frases abaixo para a forma negativa, como no modelo.

Ela sai de casa cedo todos os dias. --->Ela não sai de casa cedo. Ela **está saindo** muito tarde.

a) Ele parte no domingo às 9h………………………………………………………………….

b) O menino pede esmola……………………………………………………………………….

c) Ana vem a Londres…………………………………………………………………………..

d) Eles conhecem o Papa……………………………………………………………………….

e) Pedrinho dorme muito cedo………………………………………………………………….

DIA A DIA
Edinaldo E. Santo

Números ordinais I

1º	PRIMEIRO/ A	5º	QUINTO/ A	9º	NONO/ A
2º	SEGUNDO/ A	6º	SEXTO/ A	10º	DÉCIMO/ A
3º	TERCEIRO/ A	7º	SÉTIMO/ A		
4º	QUARTO/ A	8º	OITAVO/ A		

1) Responda:

a) Quem é o primeiro da fila? _____
b) Quem está no segundo lugar? _____
c) Em que andar do prédio ele trabalha? _____
d) Você sabe quem é o quinto colocado? _____
e) Quem é o décimo filho da Eva? _____

2) Escreva os números abaixo.

a) 10º _____ b) 19º _____

c) 11º _____ d) 2º _____

e) 18º _____ f) 6º _____

3) Complete as sentenças abaixo.

a) Ana vai vencer a prova. Ela vai ser a _____ colocada. (first)
b) Aquela moça não é a próxima. Ela é a _____ da fila. (second)
c) O seu nome está na lista. O senhor é o _____ da lista. (third)
d) Ele está em _____ lugar na corrida. (tenth)

4) Responda às perguntas abaixo:

a) Qual é o primeiro dia da semana?
_____.

b) Como se chama o segundo filho da princesa Diana?
_____.

c) O que diz o décimo mandamento da Bíblia?
_____.

d) Numa casa há cozinha, sala, banheiro e...?
_____.

Provérbio
Mentira tem pernas curtas.

DIA A DIA
Edinaldo E. Santo

ÀS, AOS – TODO(S), TODA(S)

| às segundas, terças, quartas... | aos sábados domingos | toda segunda, terça... | todo sábado domingo |

Exemplos:
Eu estudo português **às** segundas, porque trabalho **aos** sábados e domingos.
Eles estudam italiano **todas as** quintas. Marta estuda espanhol **todos os** dias.
Nós estamos estudando japonês **toda** terça e **todo** sábado.

Toda segunda-feira
Todo dia.

diferente de

A segunda-feira toda
O dia todo.

Eu viajo **todos os** meses (**todo** mês), mas não viajo **o** mês todo.
Ela ensina **todo** sábado, mas não ensina **o** sábado todo.

1) Responda:

a) Quando você estuda português? Eu estudo português_____
b) Quando você vai ao cinema? Eu vou ao cinema_____
c) Quando você vai ao mercado? Eu vou ao mercado_____
d) Quando ele vai ao centro? _____
e) Quando ela vai ao dentista?_____
f) Quando ela pratica francês?_____
g) Quando eles estudam italiano?_____
h) Quando elas vão à cidade?_____

2) Complete os espaços:

a) Ana viaja..............................a Paris e Roma.(every year)
b) Fátima fica em casa...................(on) sábados, mas trabalha..................segundas. (on)
c) Eles jogam futebol..................(every) domingo, ...(all Sunday)
d) Ela vai ao dentista ....terças, ...semana. (on Tues, every week)

3) Responda usando: a semana toda – o mês todo – o ano todo - o dia todo

a) Você trabalha até o meio-dia? _____
b) Você vai ao teatro aos sábados?_____
c) Ela viaja só em dezembro?_____
d) Você acorda cedo uma vez por mês?_____

DIA A DIA
Edinaldo E. Santo

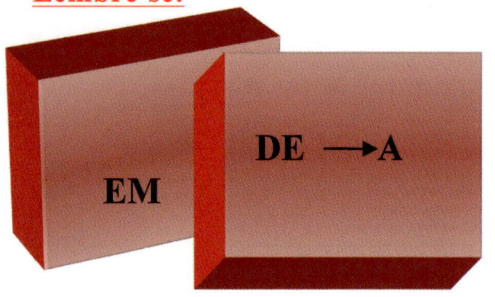

Lembre-se:

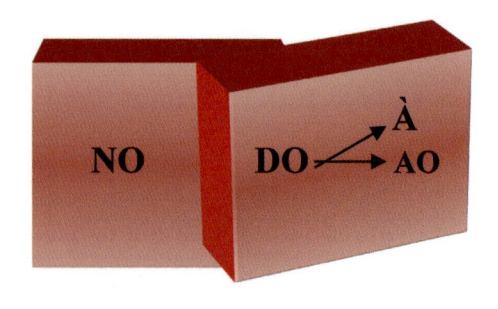

EM   DE →A   OU   NO   DO →À / →AO

Nós dizemos:

em março ← — — — → **no** mês **de** março
de maio **a** dezembro ← — — — → **do** mês **de** maio **ao** mês **de** dezembro
de 03 **a** 16 de abril ← — — — → **do** dia 03 **ao** dia 16 de abril
de segunda **a** domingo ← — — — → **da** segunda **ao** domingo
de terça **a** sexta ← — — — → **da** terça **à** sexta
de terças **a** sextas ← — — — → **das** terças **às** sextas

Leia o texto abaixo.

Meu primo André é dentista.
Ele trabalha **de** segunda **a** sexta. <u>Aos</u> sábados e domingos ele fica em casa.
André trabalha **das** 9h **às** 18h30 todos os dias.
No mês **de** julho, André não trabalha. Ele sempre viaja **em** julho.

Observação:

aos sábados- **aos** domingos   /   **às** segundas, terças, quartas, quintas, sextas

Exercícios.

1) Complete:

a) O natal é...................dezembro.   b) O natal é ....mês de dezembro.
c) O carnaval é.............sábado............terça.   d)............dia 05..........dia 25 criança não paga ingresso.
e) A biblioteca abre ....8h...............18h30.   f) A biblioteca não está abrindo............domingos.

2) Responda:

a) Você trabalha de segunda a sábado?
_____.

b) Jasmim trabalha das 9h às 12h?
_____.

c) Helena estuda de terça a domingo?
_____(segunda/sexta)

d) A Páscoa é em outubro?
_____(geralmente em abril)

e) O baile é no mês de maio?
_____(julho)

DIA A DIA
Edinaldo E. Santo

Lembre-se:

| 1) **em** 1980 ←----------→ **no** ano **de** 1980. Exemplo: -Quando você nasceu? Eu nasci **em** 1968. -Em que ano você nasceu? Eu nasci **no ano de** 1968. | 2) **para** = to (direction) Exemplo: Eu vou **para a** escola / **para o** trabalho. |

Leia o texto abaixo.

Pedro é meu melhor amigo. Ele nasceu em Roma, na Itália, mas vive no Brasil. Ele tem 31 anos.

Pedro pretende se casar no mês que vem. Pedro quer se casar no dia 12 de maio, às 17h30, na igreja Santo Antônio, na cidade de São Paulo.

Pedro nasceu no dia 22 de abril, no ano de 1970.

Ele trabalha de segunda a sexta, das 8h30 às 18h30.

Ele não trabalha aos domingos, mas, às vezes, trabalha aos sábados.

Ele tem um carro muito velho e todos os dias vai para o trabalho de carro.

Compreensão de texto.

Responda:

a) Quem é Pedro?_____
b) Onde ele nasceu?_____
c) Onde Pedro mora?_____
d) Quantos anos ele tem?_____
e) Em que mês Pedro quer se casar?_____
f) Quando Pedro nasceu?_____
g) Pedro trabalha aos domingos?_____
h) Pedro vai para o trabalho de ônibus?_____

Exercícios

1) Siga o modelo: de + transporte

a) Eu vou para casa **de** ônibus. Eles_____
b) Eva vai para a escola **de** carro. Nós_____
c) Você vai para o mercado **de** trem? Não, eu_____
d) Helena vai para o Brasil **de** navio. Eles_____
e) Nós vamos para a praia **de** bicicleta. Vocês_____
f) Meu primo vai à França de Eurostar. Eu_____
g) Elas vão para o trabalho de metrô. Ele_____

Provérbio
Amor com amor se paga.

DIA A DIA
Edinaldo E. Santo

Preposições

a + as/os = on (day of the week)

- Eu não trabalho **aos** sábados e domingos.
- Ele estuda **aos** sábados.
- Rita trabalha **às** segundas e sextas.

---

para = to (direction) (pra)

- Eu vou para o Brasil. --------→ **pro**
- Eu viajo para a Itália na próxima semana. --------→ **pra**
- Eu vou para São Paulo. -------→ **pra**
- Eu viajo para o Rio. ---------→ **pro**

para = for

- Eu vou para casa.
- Eu vou para minha casa. (para + minha)
- Eu vou para a minha casa. (para + a minha)   } **pra**
- Eu vou para a casa de Pedro.

- Este presente é para você. -----→ **pra**
- Pra quem é o boné? - O boné é para o Pedro. ----→ **pro**

---

1) Responda:

a) Você trabalha aos sábados?
....

b) Ele estuda às segundas?
....

c) Aonde você está indo? (casa)
....

d) Vocês estão viajando todos os anos? (Estados Unidos)
....

e) Helena está indo para sua casa? (casa de Henrique)
Não, ela...

f) Você vai para Londres todo mês? (São Francisco)
Não, ...

g) Eles estão indo para a Inglaterra? (Chile)
....

h) As rosas são para Nanci? (Claudia)
Não, ...

Provérbio
Mais vale um pássaro na mão, que dois voando.

DIA A DIA
Edinaldo E. Santo

13

em= in, at, on (+ place)

Eu nasci **em** Portugal.   (em + Portugal)
Eu estou **na** escola.   (em + a escola)
Meu irmão está **no** mercado.   (em + o mercado)

em + a mesa= **na** mesa (em cima da)
em + o jardim= **no** jardim

em + casa = em casa   - Eu estou **em** casa.
em + a minha casa= na minha casa   - Eu estou **na** minha casa.
em + minha casa= em minha casa   - Eu estou **em** minha casa.
em + a casa de…= na casa de   - Eu estou **na** casa de Paulo.

2) Complete os espaços. em – no(s) – na(s)

a) Meus filhos estão estudando............Londres,...........Inglaterra,............London Lessons.
b) Helena está morando..............Roma,.............Itália.
c) As crianças não estão brincando...........jardim. Elas estão............rua.
d) Felipe está assando carne..............quintal e Ana está............cozinha.
e) Elas estão passando as férias.............Malhorca,.............Espanha.
f) Marcelo está trabalhando...............Miami,............Estados Unidos.

em= in (+ date)

-Meu aniversário é **em** dezembro. (em + janeiro etc)
-Meu aniversário é **no mês de** dezembro. (em + **o mês**= no)
-A festa é **no dia** doze. (em + **o dia**= no)
-Eu nasci **no dia** doze **de** dezembro **de** 1970.

em= on (+ day of the week)

-Eu trabalho **no** sábado. (em + o sábado)
-Eles ficam em casa **na** sexta (em + a sexta)

3) Complete os espaços com em + a/o/as/os (no, na, nos, nas)

a) Ele nasceu_____cidade de São Paulo,_____abril.
b) Eva nasceu_____São Paulo,_____mês de março.
c) Helena está_____Rio e Edgard está_____Roma, _____Itália.
d) Marcos joga bola_____rua e André, _____clube. Eles jogam bola_____sexta-feira.
e) As crianças brincam_____rua_____mês de julho, porque têm férias.
f) Eu estou_____casa e André está _____casa do Pedro.
g) Eu estou_____minha casa.

DIA A DIA
Edinaldo E. Santo

4) Responda.

a) Quando é a festa? (abril)
_____.

b) Em que dia é o casamento? (22 de outubro)
_____.

c) Quando você nasceu? (março)
_____.

d) Quando você nasceu? (15 de setembro)
_____.

e) Em que ano você nasceu? (1961)
_____.

f) Em que ano você nasceu? (ano de 1961)
_____.

g) Em que dia você não trabalha? (domingo)
_____.

h) Quando é a festa? (sexta)
_____.

---

a= to (direction)
at (time)

- Eu vou **à** Inglaterra.   (a + a Inglaterra)
- Eu vou **a** Londres.   (a + Londres)
- Ele vai **ao** Brasil.   (a + o Brasil)

- Eu viajo **às** 2h30.   (a + as)
- Eu acordo **ao** meio-dia.   (a + o meio-dia)
- Ele chega em casa **à** meia-noite. (a + a meia-noite)

---

5) Complete com a/à/ao/aos

a) Eu viajo _____ Brasil toda semana _____ noite.
b) Ele vai _____ Rio todos os meses.
c) Ela vai _____ Londres e _____ Roma todo ano.
d) A reunião sempre começa _____ 3h20.
e) O filme começa _____ meio-dia e meia.
f) Eva sempre vai _____ Estados Unidos.

---

*__Para / a__ = to   There are 3 different ways to say 'to' in Brazil, when indicating direction
1) '**a, à, ao**' the least used. It should be used when someone goes to a place for a short period.
2) '**para, para a, para o**' the second most used, generally '**pra/pro**'. It should be used when someone goes to a place to stay for a long period; for living for example, but Brazilians mix up **a/para** when speaking.
3) '**no, na**' the most used in most parts of Brazil, especially in poor areas and by young people. '**no, na**' should be avoided meaning 'to', as it is wrong and means in/at/on, but it is the most heard one.
  Examples: Vou ao Chile. Vou para o Chile. Vou ~~no~~ Chile.

Provérbio
Quem não tem cão, caça com gato.

DIA A DIA
Edinaldo E. Santo

15

Leia o texto abaixo

-Olá! Qual é o seu nome?
-Meu nome é Henrique.
-**De** onde você é, Henrique?
-Eu sou **do** Brasil.
-**Em** que cidade você nasceu?
-Eu Nasci **na** cidade de São Paulo.
-Quando você nasceu?
-Eu nasci **no** dia 22 de setembro de 1974.
-Em setembro?
-Sim, **no** mês de setembro, **no** ano de 74

-**Em** 1974?
-Sim, **em** 74.
-Onde está sua mãe?
-Ela está **em** casa.
-E seu pai?
-Ele está **na** casa de um amigo.
-Você trabalha?
-Sim, trabalho.
-Todos os dias?
-Não. Eu trabalho **de** segunda **a** sexta.
-O que você faz aos sábados e domingos?
-**Aos** sábados eu vou **ao** cinema e **aos** domingos eu fico **em** casa.

Exercício

1) Responda.

a) Qual é o nome do rapaz?_____
b) De onde Henrique é?_____
c) Em que cidade ele nasceu?_____
d) Em que dia e mês ele nasceu?_____
e) Em que ano?_____
f) Onde está a mãe dele?_____
g) E o pai?_____
h) Henrique trabalha?_____
i) Quando ele trabalha?_____
j) O que ele faz nos fins de semana?_____

Números ordinais II

11°	DÉCIMO PRIMEIRO/A	30°	TRIGÉSIMO/A	70°	SEPTUAGÉSIMO/A
12°	DÉCIMO SEGUNDO/A	40°	QUADRAGÉSIMO/A	80°	OCTOGÉSIMO/A
13°	DÉCIMO TERCEIRO/A	50°	QUINQUAGÉSIMO/A	90°	NONAGÉSIMO/A
20°	VIGÉSIMO/A	60°	SEXAGÉSIMO/A	100°	CENTÉSIMO/A

Perguntas: a) Como se chama o salário (bônus) que os brasileiros recebem em dezembro?
_____

b) Como se diz 90th em português?
_____

DIA A DIA
Edinaldo E. Santo

REVISÃO

1) Traduza:

My friend Alfredo is Italian.
He lives in England, but travels to Rome every year to visit his family.
Alfred wakes up at 7am every day.
He is a journalist and works for a big newspaper in London.
Alfred is studying English. He wants to improve his knowledge of the language.
Alfredo speaks Portuguese and French and understands Spanish.
He is travelling to France every weekend at the moment, for his work.

2) Responda:
a) Onde as crianças estão?....................
b) O que elas estão fazendo?....................
c) O que Pedrinho está comendo?....................
d) Por que Adriano está chorando?....................
e) Onde elas estão estudando?....................
f) A que horas elas acordam?....................
g) Elas vão à escola de ônibus?....................
h) O que Antônio faz no fim de semana?....................
i) Em que dia vocês vão ao cinema?....................

3) Relacione as colunas.

(a) Ele nasceu na Inglaterra. Ele é   ( ) japonesa.
(b) Ela nasceu no Japão. Ela é   ( ) italianos.
(c) Eles nasceram na Itália. Ele são   ( ) chineses.
(d) Eles nasceram na China. Eles são   ( ) inglês.

4) Complete os espaços:

a) Nós recebemos nosso salário............dia primeiro, ...os meses.

b) As flores são..............a Leonor e os chocolates ....o Pedro.

c) A loja abre ....segunda ....sexta, ...8h30 ....17h.

d) Eles estão morando..........Brasília, mas não estão gostando..........lugar.

e) Ele não bebe........................., mas quando ele bebe, ele bebe ....
    (every day)   (all day)

DIA A DIA
Edinaldo E. Santo

Futuro Imediato

Verbo ir no presente + verbo principal no infinitivo (AR-ER-IR)

Eu vou-------------------→ao mercado amanhã. (no need to say I am gonna go)
Você vai-----------------→viaj**ar** no sábado?
Ele/a vai-----------------→conhec**er** a tia no fim de semana.
Nós vamos--------------→viaj**ar** de avião em janeiro.
Vocês vão---------------→v**ir** cedo?
Eles/as vão -------------→sa**ir** hoje à noite.

*Este é o tempo verbal mais utilizado para expressar o futuro, na fala.

Leia o texto abaixo

PAI:	- Aonde você vai, meu filho?
FILHO:	- Vou no banco, pai.
PAI:	- Você vai **no** banco ou **ao** banco?
FILHO:	- Qual é a diferença?
PAI:	- Melhor perguntar para o seu professor de língua portuguesa.
FILHO:	- Tá bom, pai. Até mais tarde.
PAI:	- Tá bom????? Está bem....
FILHO:	- Hein! Assim o senhor me confunde.
PAI:	- Você vai ao banco de ônibus?
FILHO:	- Não, eu vou pro banco de bicicleta.
PAI:	- **Para o** banco, menino! **Para o** banco!
FILHO:	- O senhor tá me tirando!
PAI:	- Olhe a língua, menino!
	- A que horas você vai voltar?
FILHO:	- Não sei. Eu vou passar na casa do Pedrinho antes e depois do banco.
PAI:	- O Pedrinho vai com você ao banco?
FILHO:	- Sim, a gente vamos juntos.
PAI:	- A GENTE VAI! A GENTE VAI!
FILHO:	- O senhor vai também?
PAI:	- Agora quem está me tirando é você, **né Mané**!?

1) Responda de acordo com o texto.
a) Aonde o filho vai? _____
b) Com quem ele vai? _____
c) Como ele vai ao banco? _____
d) O que ele vai fazer depois do banco? _____
e) O pai vao ao banco também? _____

DIA A DIA
Edinaldo E. Santo

Exercícios:

1) Complete os espaços com um dos verbos abaixo:

| vai chegar | vamos viajar | vão chegar | vai falar | vou conhecer |

| vão ficar | vamos jantar | vou acordar | vou patinar |

a) No ano que vem nós _____ para as montanhas.
b) Meus amigos _____ às 7h. Nós _____ fora hoje à noite.
c) No Brasil, eu _____ o Cristo Redentor, no Rio de Janeiro.
d) Amanhã, ela _____ sobre você.
e) No sábado eu _____ cedo, porque vou trabalhar o dia todo.
f) Elas não vão sair. _____ em casa, porque precisam estudar.
g) No mês que vem _____ a Portugal. Vamos ficar em um hotel.
h) Nas próximas férias, no inverno, eu vou viajar e _____ no gelo.
i) Ele vai trabalhar até tarde, por isso _____ tarde.

2) Responda.

a) Aonde você vai amanhã de manhã?_____
b) O que você vai fazer amanhã à noite?_____
c) Você vai sair na sexta-feira?_____
d) Você vai ao mercado no sábado ou no domingo?_____
e) Quem vai com você ao mercado?_____
f) Rita vai viajar no mês que vem?_____
g) Para onde eles vão na semana que vem?_____

3) Escute o professor e complete as sentenças abaixo com um dos verbos dos retângulos.

| vamos dormir | vão chegar | vou ficar | vai trabalhar |

| vou votar | vamos ouvir | vão conversar | vai sair |

a) Na próxima eleição eu _____ para presidente.
b) Meus primos vão passar alguns dias comigo. Eles _____ amanhã.
c) Ana não vai ficar em casa hoje à noite. Ela _____ com Pedro.
d) Não posso sair com você. Eu _____ em casa e cuidar do meu irmão.
e) Eles não _____ com você, porque estão ocupados.
f) Mais tarde nós _____ música na minha casa.
g) A que horas você _____?
h) Nós vamos acordar cedo, por isso _____ cedo.

DIA A DIA
Edinaldo E. Santo

4) Complete o texto abaixo com os verbos entre parênteses, no futuro imediato.

No fim do ano eu _____ (to travel). Eu _____ (to visit) meus tios. Eles moram no Brasil. Meu irmão e minha mãe _____ (to travel) comigo. Nós _____ (to stay) na casa dos meus tios por alguns dias. Os meus tios moram no Rio de Janeiro, mas meu irmão quer conhecer a Bahia também, por isso, do Rio de Janeiro nós _____ (to catch) um avião para Salvador, onde _____ (to stay) em um hotel. O meu irmão diz que ele _____ (to learn) a dançar salsa e eu estou tentando explicar para ele que na Bahia as pessoas dançam tudo, menos salsa.

5) Comente sobre a foto abaixo.

……………………………………………
……………………………………………
……………………………………………
……………………………………………
……………………………………………
……………………………………………
……………………………………………
……………………………………………
……………………………………………
……………………………………………

6) Siga o modelo. Use as palavras entre parênteses. (Use apenas o futuro imediato)

Eu não vou sair mais tarde, porque vai chover. (porque)

a) Ele vai dormir cedo..(porque)

b) Elas não vão viajar à Itália, ...(mas)

c) Nós vamos sair às 9h..(e)

d) Pedro vai comprar um carro novo..(por isso)

Provérbio
A cavalo dado, não se olha os dentes.

DIA A DIA
Edinaldo E. Santo

Futuro Simples - AR
Complete a tabela abaixo.

> To make the Simple Future just add **'ei, á, emos, ão'** for most regular and irregular verbs. 'fazer, dizer, trazer' are exceptions, but they still will have the same ending. It doesn't mean that it will happen the same with all verbs ending in 'zer'. 'benzer' for example, is regular.

Acreditar	Almoçar	Amar	Andar
Eu acreditar**ei**	Eu almoçar**ei**	Eu amar**ei**	Eu andar**ei**
Você acreditar**á**	Você almoçar**á**	Você amar**á**	Você andar**á**
Ele/ela acreditar**á**	Ele/ela almoçar**á**	Ele/ela amar**á**	Ele/ela andar**á**
Nós acreditar**emos**	Nós almoçar**emos**	Nós amar**emos**	Nós andar**emos**
Vocês acreditar**ão**	Vocês almoçar**ão**	Vocês amar**ão**	Vocês andar**ão**
Eles/as acreditar**ão**	Eles/as almoçar**ão**	Eles/as amar**ão**	Eles/as andar**ão**

Cantar	Confiar	Conversar	Dançar
Eu cantar	confiar	conversar	dançar
Você cantar	confiar	conversar	dançar
Ele/ela cantar	confiar	conversar	dançar
Nós cantar	confiar	conversar	dançar
Vocês cantar	confiar	conversar	dançar
Eles/as cantar	confiar	conversar	dançar

Escutar	Estudar	Falar	Gostar
Eu escutar	estudar	falar	gostar
Você escutar	estudar	falar	gostar
Ele/ela escutar	estudar	falar	gostar
Nós escutar	estudar	falar	gostar
Vocês escutar	estudar	falar	gostar
Eles/as escutar	estudar	falar	gostar

Jantar	Levantar-se	Nadar	Reclamar
Eu jantar	levantar	nadar	reclamar
Você jantar	levantar	nadar	reclamar
Ele/ela jantar	levantar	nadar	reclamar
Nós jantar	levantar	nadar	reclamar
Vocês jantar	levantar	nadar	reclamar
Eles/as jantar	levantar	nadar	reclamar

Most Brazilians avoid using the Simple Future in the spoken language. They prefer to use the Immediate Future, which, depending on the verb used, makes conversation a lot easier and faster. There is no problem to use the Simple Future in the spoken language though and you can even use it to reply to a question asked using the Immediate future. For example:

-A que horas você **vai chegar**? –Chegar**ei** às 9h.

DIA A DIA
Edinaldo E. Santo

Futuro Simples - ER - IR

Complete a tabela abaixo.

Beber	Comer	Conhecer	Correr
Eu beber**ei**	comer	conhecer	correr
Você beber**á**	comer	conhecer	correr
Ele/ela beber**á**	comer	conhecer	correr
Nós beber**emos**	comer	conhecer	correr
Vocês beber**ão**	comer	conhecer	correr
Eles/as beber**ão**	comer	conhecer	correr

Saber	Vencer	Vender	Ver
Eu saber	vencer	vender	ver
Você saber	vencer	vender	ver
Ele/ela saber	vencer	vender	ver
Nós saber	vencer	vender	ver
Vocês saber	vencer	vender	ver
Eles/as saber	vencer	vender	ver

Viver		Dormir	Ir
Eu viver		Eu dormir**ei**	ir
Você viver		Você dormir**á**	ir
Ele/ela viver		Ele/ela dormir**á**	ir
Nós viver		Nós dormir**emos**	ir
Vocês viver		Vocês dormir**ão**	ir
Eles/as viver		Eles/as dormir**ão**	ir

Ouvir	Partir	Pedir	Vir
Eu ouvir	partir	pedir	vir
Você ouvir	partir	pedir	vir
Ele/ela ouvir	partir	pedir	vir
Nós ouvir	partir	pedir	vir
Vocês ouvir	partir	pedir	vir
Eles/as ouvir	partir	pedir	vir

*Andar = to walk   andar de = to take transport   primeiro andar= first floor
  Andar = is also equivalent to 'have been' Ex. Como vai/anda? Ando ocupado. I've been busy
                                                                 Ando viajando.=I've been traveling.
*Vencer= to win/defeat   vencer= to be due/ expire Ex: A conta/ o leite/ vai vencer.
*Viver=to live in a place/ to have life   Morar=to live in a place.

DIA A DIA
Edinaldo E. Santo

Exercícios

1) Complete os espaços com o verbo no futuro. (imediato e simples)

a) Na semana que vem eu_____(to have lunch) com Ana. Nós_____(to go) a um restaurante local, onde_____(to eat) comida italiana. Depois do almoço _____ (to watch) ao filme 'Dois Irmãos'.

b) No ano que vem Pedro e João_____(to travel) à Espanha. Eles _____ (to stay) em um hotel por alguns dias. Tenho certeza que_____(to know) lugares muito bonitos, _____(to meet) muitas pessoas simpáticas e_____(to visit) alguns museus.

c) Meu irmão José_____(to come back) de viagem no próximo mês. Antes de voltar para casa, no entanto, ele_____(to stay) uma semana na casa do meu tio Paulo, que mora no interior. Ele_____(to visit) alguns parentes nossos que moram perto da casa de nosso tio e eles_____(to show) a cidade ao meu irmão.

2) Responda às perguntas abaixo.

a) Quem você visitará na semana que vem? _____
b) O que nós compraremos para Fátima? _____
c) O que eles beberão à noite? _____
d) Quem você convidará para a festa? _____
e) A que horas você chegará em casa? _____

3) Faça a pergunta.

a)_____?
Eu vou escrever **uma carta**.
b)_____?
Eu escreverei uma carta **para Marta**.
c)_____?
Nós conversaremos **sobre política e poluição**, na festa.
d)_____?
Nós não vamos falar de você, **porque você não é importante**.
e)_____?
Eva não beberá vinho hoje à noite, **porque vai dirigir**.
f)_____?
Eles vão dançar **tango** a semana toda.

4) Complete os espaços. (Futuro simples e futuro imediato)

a) O menino vai_____(to ride a bicycle) e a menina vai _____ (to play with a doll).
b) Ela _____(to have dinner) e ele apenas _____(to drink).
c) Nós vamos_____(to sing), enquanto Pedro _____(to play) piano.
d) Eu_____(to cook) e minha amiga vai_____(to sleep).
e) Eles _____(to talk) e elas _____(to listen).

DIA A DIA
Edinaldo E. Santo

	dias da semana	Estações do ano	meses do ano		datas importantes
	segunda-feira		janeiro	julho	Páscoa
	terça-feira	a primavera	fevereiro	agosto	Dia das mães
A	quarta-feira	o verão	março	setembro	Dia dos namorados
	quinta-feira	o outono	abril	outubro	Dia dos pais
	sexta-feira	o inverno	maio	novembro	Dia da criança
	sábado		junho	dezembro	Dia dos finados
O	domingo				Natal

Exercício:

1) Responda.

a) Quando geralmente é a 'Páscoa'? ....

b) Em que dia nós comemoramos o 'Dia das Mães'?..

c) Quando é o 'Dia dos Namorados'?..

d) E o 'Dia dos Pais', quando é?..

e) Quando é o 'Natal'?..

f) Em que mês relembramos os finados?..

g) Quando é o 'Dia da Criança' no Brasil?..

NO BRASIL

Você sabia?   O **dia das mães** é no segundo domingo de maio.

O **dia dos pais** é no segundo domingo de agosto.

O **dia dos namorados** é no dia 12 de junho.

O **dia da criança** é no dia 12 de outubro.

DIA DO PROFESSOR: 15 DE OUTUBRO

DIA A DIA
Edinaldo E. Santo

Exercícios

1) Use as palavras e os verbos abaixo e faça frases.

na semana que vem – na segunda-feira que vem – no mês que vem – no ano que vem
na próxima terça – no próximo mês – no próximo fim de semana - na próxima quinta

| ficar | sair | dormir | fazer | ir | nadar | descansar | viajar |

....

....

....

....

....

....

....

2) Responda às perguntas abaixo.

a) Você assiste à televisão todos os dias? ....
b) Eles estão jogando tênis hoje? ....
c) Carlos viajará a Portugal no ano que vem? ....
d) Quando você trabalha? ....
e) Por que Paula dorme cedo? ....
f) Quando vocês irão ao mercado? ....
g) Onde as crianças estão estudando? ....
h) Eles estão jogando futebol? ....
i) O que Eva está fazendo? ....
j) Você gosta de fazer exercícios? ....
k) Quando você estará em casa? ....
l) Você gosta de bolo de chocolate? ....
m) O que você faz nos fins de semana? ....
n) Você viaja todo mês? ....
o) Você gosta de viajar? ....

3) Coloque as palavras em ordem.

a) de/ voltarão/ eles/ no/ viagem/ que/ vem/ mês..
b) cozinhando/ hoje/ frango/ está/ ela..
c) quando/ para/ a/ vocês/ vão/ Alemanha?...
d) viajará/ ao/ sozinha/ Marta/ Brasil...
e) jogando/ está/ menino/ o/ bola...

DIA A DIA
Edinaldo E. Santo

Modo Imperativo

The imperative form of the verb is the command form of the verb. **'Do it', 'Don't do it'**. It is used a lot in advertisements, at home, on the street and throughout this book, as every single exercise gives you a command on what to do.

There are two different forms of the verb to be used when addressing to 'you', depending on the person you are using in Portuguese. Most Brazilians make agreement with 'Tu', although they don't always know this and they don't generally use 'Tu' when speaking.

	Afirmativo	**Negativo**
Fal-**AR**	**Fala (tu) - spoken** Fale (você) Falemos (nós) Falem (vocês)	**fales (tu) - correct** **fala - spoken** Não fale (você) falemos (nós) falem (vocês)
Escolh-**ER**	**Escolhe (tu) - spoken** Escolha (você) Escolhamos (nós) Escolham (vocês)	escolhas (tu) – correct **escolhe - spoken** Não escolha (você) escolhamos (nós) escolham (vocês)
Part-**IR**	**Parte (tu) - spoken** Parta (você) Partamos (nós) Partam (vocês)	**Partas (tu) – correct** **Parta - spoken** Não parta (você) partamos (nós) partam (vocês)

Does it sound confusing? Lets make it easier.
The rules say: When the verb ends in AR it should change to E:

Cant<u>ar</u>: Cant**e** você, cant**emo**s nós, cant**em** vocês. (Although, as in English we generally just say the verb.)

When the verb ends in ER and IR it should change to A:

Beb<u>er</u>: Beb**a** você, beb**amos** nós, beb**am vocês**   Part<u>ir</u>: Part**a** você, part**amos** nós, part**am** vocês.

But what do we Brazilians do?

Acordar= to wake up	Acord**a**! Wake up!
Beber= to drink	Beb**e**! Drink!
Partir= to depart	Part**e**! Depart!

It gets a bit more confusing when using irregular verbs, as each one will be different. On your next page you will have a table with the most used ones and the way they will change if you agree with **tu** or **você**.

DIA A DIA
Edinaldo E. Santo

Você		Tu	
Dar =	Dê	Dar =	Dá
Estar =	Esteja	Estar =	Está
Ficar =	Fique	Ficar =	Fica
Dizer =	Diga	Dizer =	Diz
Fazer =	Faça	Fazer =	Faz
Trazer =	Traga	Trazer =	Traz
Ser =	Seja	Ser =	Sê
IR =	Vá	IR =	Vai

Vamos praticar.

Exercícios.

1) Reescreva as frases abaixo em forma de comando, usando a forma imperativa.

- **Comprar um quilo de arroz no mercado.** ....
- **Lavar o carro no domingo.** ....
- **Esquecer os papéis importantes.** ....
- **Cozinhar bem a carne.** ....
- **Telefonar para o senhor Ramos.** ....
- **Escrever uma carta de agradecimento.** ....
- **Dirigir com cuidado.** ....
- **Beber o vinho.** ....

2) Traduza o texto abaixo para o português.

Visit Ceará this summer.
Bring your family and **enjoy** sun, sea and good food in the best beaches of Brazil.

Stay in a five star hotel.
.
Call us today or **send** us an email for a brochure.

Contact us on cearásol@turismo.com.br or 6847-2730

DIA A DIA
Edinaldo E. Santo

Uso de preposições (locução prepositiva) + Forma Imperativa

		Tu	**você**	**vocês**
longe de	**colocar:**	coloca	coloque	coloquem
perto de	**dizer:**	diz,	diga	digam
no meio de	**fazer:**	faz	faça	façam
em cima de	**pôr:**	põe	ponha	ponham
atrás de	**trazer:**	traz	traga	tragam
embaixo de	**Vir:**	Vem	venha	venham

José está em casa com o irmão Fernando. Hoje é sábado e todo sábado eles limpam a casa.

Os dois começam a limpeza da casa pela sala.

José: -Fernando, onde coloco estes livros?
Fernando: -**Coloque** em cima da estante.
José: -E esta foto da Andréia, onde ponho?
Fernando: -**Ponha** perto da foto da Ana, em cima da estante.
José: -Fernando, onde coloco aquele vaso com plantas?
Fernando: -**Coloque-o** atrás da foto da Andréia.
José: -E o que eu faço com o outro vaso de plantas?
Fernando: -**Traga** aqui que eu coloco perto do lixo.
José: -Vem cá, Fernando. Tem um inseto embaixo do vaso.
Fernando: -Cadê? Está morto. **Ponha** no lixo, junto com a planta e traga a pá de lixo.
José: -Onde está a pá de lixo, Fernando?
Fernando: -Está no meio da cozinha, perto do fogão, atrás do cesto de lixo.
José: -Achei.

Exercícios

1) Responda:

a) Onde José deve colocar os livros? _____
b) Onde ele deve pôr a foto da Andréia?_____
c) Onde ele deve colocar o vaso com plantas?_____

2) Passe as frases abaixo para a forma imperativa.

a) Você pode **trazer** a pá de lixo para mim, por favor? ....

b) Vocês podem **vir** comigo até o mercado?..

c) O senhor pode **dizer** que eu ligo mais tarde?..

d) A senhora pode me **fazer** um favor?..

e) Vocês podem **trazer** os móveis mais cedo, por favor?..

DIA A DIA
Edinaldo E. Santo

3) Dê a forma imperativa dos verbos abaixo.

a) Eu não quero beber tudo. ....
b) Eu não vou lavar o carro hoje. ....
c) Eu não vou fazer compras. ....
d) Eu não vou fechar a porta. ....
e) Eu não quero falar com a vizinha. ....

4) Responda, usando a preposição adequada.

a) Ana, onde está o meu livro?   (on the table)
……………………………………………………………………………..
b) Não acho minha agenda.   (under the sofa)
……………………………………………………………………………..
c) Cadê meu celular?   (behind the glasses)
……………………………………………………………………………..
d) Onde está o meu casaco? (next to the umbrella)
……………………………………………………………………………..
e) O mercado é perto daqui? (far from)
……………………………………………………………………………..

Leia o texto abaixo:

-Pedro, **vá** ao mercado para mim. **Compre** um pano de prato e uma flanela. **Compre** também carne e frutas e **traga** um bolo e sorvete. Quando chegar, **ponha** o bolo e o sorvete na geladeira, **coloque** as frutas em cima da mesa e **deixe** a carne em cima da pia.

Responda:

a) Aonde Pedro vai? ....
b) O que ele vai comprar? ....
c) Onde ele vai colocar o bolo? ....
d) O que ele vai deixar em cima da pia? ....

Verbo **DAR**- (Presente: Eu dou, você dá, ele(a) dá, nós damos, vocês dão, eles(as) dão)

Siga o modelo: Eu quero um quilo de peixe. → Dê-me um quilo de peixe.
*When shopping Brazilians generally say '**Me dá....**'

Eu quero uma dúzia de bananas..
Eu quero meia dúzia de ovos. ....
Eu quero cem gramas de queijo..
Eu quero um pacote de biscoito..
Eu quero um pedaço de torta. ....
Eu quero três mangas. ....
Eu gostaria de um litro de leite...
Eu gostaria de uma lata de pêssego..
Eu gostaria de uma garrafa de vinho..
Eu gostaria de uma caixa de sabão em pó..
Eu gostaria de presunto fatiado, por favor...

DIA A DIA
Edinaldo E. Santo

Comercial

Compre aqui os seus móveis para o Natal.
Nas lojas 'Economia' o seu dinheiro vale mais.
Não perca tempo andando por aí.
Faça economia com qualidade.

Lojas 'Economia'.
                              A melhor loja de São Paulo.
Lojas 'Economia'
                              No coração do Brasil.

Exercícios:

1) Responda.
a) Onde o seu dinheiro vale mais?_____
b) Onde você deve comprar os seus móveis?_____
c) Que tipo de economia você deve fazer?_____
d) Qual é a melhor loja de São Paulo?_____
e) Onde a loja está localizada?_____
f) Para que ocasião você deve comprar seus móveis?_____

2) Coloque as palavras abaixo em ordem.
a) embaixo/ da/ cão/ está/ não/ mesa/ o_____
b) um/ me/ café/ quilo/ dê/ de_____
c) ao/ para/ açougue/ vá/ mim._____
d) sofá/ o/ ao/ coloque/ lado/ da/ tv._____
e) venha/ por favor/ ao/ comigo/mercado._____
f) seus/ móveis/ na/ compre/ Economia/ loja_____

3) Complete os espaços com: atrás de, na frente de, embaixo de, em cima de, entre, etc.
a) O vaso está_____mesa, na_____quadro e _____livro.
b) O copo está_____os óculos e a caneta.
c) Onde está o meu chapéu? O seu chapéu está_____sofá.
d) O rádio fica_____estante. A estante fica_____poltrona.
e) -Onde está o Pedrinho? -Ele está_____mesa.
f) -Onde você coloca a vassoura? – _____porta.

4) Responda:
a) O quadro está **na** parede ou **no** chão? _____
b) O aspirador de pó está na frente ou atrás da porta?_____
c) A vassoura está na frente ou ao lado do rodo?_____
d) O prato está em cima ou embaixo da mesa?_____
e) O garfo está ao lado ou na frente do prato?_____

DIA A DIA
Edinaldo E. Santo

Você está no Brasil e resolve escrever um cartão postal a uma amiga na Inglaterra.
Conte as novidades e diga o que você está fazendo no Brasil e como está se divertindo.
Use o presente, o presente contínuo e o futuro e escreva pelo menos cinquenta (50) palavras.

Você está anotando na sua agenda as atividades/tarefas que precisa fazer na próxima semana. Use o infinitivo para dizer como vai ser sua semana. Siga o modelo.

	segunda	terça	quarta	quinta	sexta	sábado
MANHÃ	Ir ao dentista às nove horas					
TARDE						
NOITE						

1 Goldhawk road – W12 8QQ   -   07855 287 835

London Lessons — Learning with confidence

Log on to **http://london-portugueselessons.co.uk** and send your test to the author to be corrected and please send us a text msg to book a time to do part 2 and 3 over the Internet.

Assessment 3 – Level Two (books one, two and three)

Part One: 1) **Diário**: Traduza o seu diário para o português, de acordo com o dia da semana.

Sunday: I will wake up at 8 o'clock. I will have lunch with friends. I will call Jane on **Friday**. On **Wednesday** I am going to swim at the gym. At 7pm I am going out with Janet. On **Friday** afternoon I am going to the bank. On **Wednesday** at 8am I will listen to music with Sheila. On **Sunday** evening I will sleep early.

sexta-feira	quarta- feira	domingo

2) **Passe as frases abaixo para o futuro simples (will)**:

a) Eu vou jantar em casa hoje à noite……………………………………………………………………………………………..

b) Nós vamos sair na segunda. ....

c) Eles vão beber comigo……..

3) **Passe as frases abaixo para a forma imperativa**:

a) Eu não gosto de beber leite………………………… b) Nós não vamos comer……………………………….
c) Eu não quero estudar……………………….. c) Eu não vou tomar banho…………………………………

Part Two: Escute o professor e responda a três perguntas: (use o verso)

Part Three: Escreva um texto sobre um tópico preferido em 50 palavras: (use o verso)

Part Four: Use o presente contínuo e descreva a foto.

Part One…………………….
Part Two…………………….
Part Three………………..…
PartFour………………
Final Mark:……………

DIA A DIA
Edinaldo E. Santo

BRAZILIAN

PORTUGUESE

DIA A DIA

PARTE 4

© Edinaldo do Espírito Santo

London Lessons
Learning with confidence

DIA A DIA
Edinaldo E. Santo

Contents

PARTE 4 (PART FOUR)

Table: Present, Present Continuous, Imperative and Future ---------→3
Important to know: Past, Present and Future---------→5
Verbs: Simple Past Tense---------→6,7,8
Opposites ---------→12
Prepositions ---------→15
The human body ---------→18
Final test---------→25

DIA A DIA
Edinaldo E. Santo

Presente

FALAR	BEBER	SAIR
Eu falo Tu falas Você/ele/ela fala Nós falamos Vocês/eles/elas falam	Eu bebo Tu bebes Você/ele/ela bebe Nós bebemos Vocês/eles/elas bebem	Eu saio Tu sais Você/ele/ela sai Nós saímos Vocês/eles/elas saem

Presente Contínuo

Eu estou falando Tu estás falando Você/ele/ela está falando Nós estamos falando Vocês/eles/elas estão falando	Eu estou bebendo Tu estás bebendo Você/ele/ela está bebendo Nós estamos bebendo Vocês/eles/as estão bebendo	Estou saindo Estás saindo Está saindo Estamos saindo Estão saindo

Forma Imperativa

Fale (você) Falemos (nós) Falem (vocês)	Beba (você) Bebamos (nós) Bebam (vocês)	Parta (você) Partamos (nós) Partam (vocês)

Futuro

Eu falarei Tu falarás Você/ele/ela falará Nós falaremos Vocês/eles/elas falarão	Eu beberei Tu beberás Você/ele/ela beberá Nós beberemos Vocês/eles/elas beberão	Eu sairei Tu sairás Você/ele/ela sairá Nós sairemos Vocês/eles/elas sairão
Eu vou falar Tu vais falar Você/ele/ela vai falar Nós vamos falar Vocês/eles/elas vão falar	Eu vou beber Tu vais beber Você/ele/ela vai beber Nós vamos beber Vocês/eles/elas vão beber	Eu vou sair Tu vais sair Você/ele/ela vai sair Nós vamos sair Vocês/eles/elas vão sair

book 1

book 3

Passado Simples

Eu falei Tu falaste Você/ele/ela falou Nós falamos Vocês/eles/elas falaram	Eu bebi Tu bebeste Você/ele/ela bebeu Nós bebemos Vocês/eles/elas beberam	Eu saí Tu saíste Você/ele/ela saiu Nós saímos Vocês/eles/elas saíram

book 4

Simple Past Tense: Used to express a time in the past, which has finished. It is about the end of the action. Example: I went out yesterday. I arrived late on Saturday.

There is another past tense very used in Portuguese called Passado Imperfeito, which has also finished but the tense refers to the action while it was happening. It is sometimes equivalent to 'to use to'. **I used to speak Portuguese well, but not now.**' We will learn more about it on book 5.

DIA A DIA
Edinaldo E. Santo

Revisão: Leia o texto abaixo:

COMUNICADO

Comunicamos que a reunião será nos dias 23 e 25 de agosto de 2009, às 17h30, no salão 'Machado de Assis'. Rua dos Andrades, 150.

Favor confirmar presença através dos números:
6948 -7530 / 6947- 2831

Exercícios:

1) Responda:

a) Quando será a reunião? _____

b) A que horas vai começar?_____

c) Qual é o endereço do local?_____

d) Quais são os números para confirmação de presença?_____

2) Reescreva o bilhete abaixo, corrigindo os erros:

"Oi, pedro. Tudo bom?

A Paulinha vai dá uma festa no domingo.
A festa vai comessar as 9.30.
O João e a Marta vai tá lá, por que eles vão passar na minha casa e a gente vamos de carro.
Me liga pra a gente combinar.

DIA A DIA
Edinaldo E. Santo

Importante saber

Português	Inglês	Frase
hoje	today	Eu não trabalho hoje.
ontem	yesterday	
antes de ontem	the day before yesterday	
amanhã – de manhã 　　　　 à tarde 　　　　 à noite	tomorrow – morning 　　　　　 afternoon 　　　　　 evening	Não estou trabalhando de manhã.
na semana passada no mês passado no ano passado	last week last month last year	
na semana retrasada no mês retrasado no ano retrasado	the week before last the month before last the year before last	
na próxima semana no próximo mês no próximo ano	next week next month nest year	Eu não vou trabalhar na próxima semana.
daqui a duas semanas daqui a dois dias	two weeks from now two days from now	

Leia as frases abaixo

- Eu não estudo aos sábados. **Hoje** é sábado, portanto, eu não estou estudando.
- Paula não está viajando ainda. Ela vai viajar **na semana que vem**.
- Eles correm toda manhã às 9h. **Amanhã** eles vão começar a correr às 8h.
- Meu irmão está viajando. Ele voltará de viagem **no próximo domingo**.
- Pedro e Fernando saem de casa de manhã e chegam às 5h da tarde.

Lição de casa: Use os verbos das próximas páginas para fazer sentenças no passado simples.

Ou

Tente misturar os tempos: passado/futuro – passado-presente/presente contínuo.

Provérbio
Pimenta nos olhos dos outros é refresco.

Verbos – Pretérito Perfeito – (passado simples)
- AR

Acreditar	**Almoçar**	**Alugar**	**Andar**
Eu acreditei	Eu almocei	Eu aluguei	Eu andei
Você acreditou	Você almoçou	Você alugou	Você andou
Ele/a acreditou	Ele/a almoçou	Ele/a alugou	Ele/a andou
Nós acreditamos	Nós almoçamos	Nós alugamos	Nós andamos
Vocês acreditaram	Vocês almoçaram	Vocês alugaram	Vocês andaram
Eles/as acreditaram	Eles/as almoçaram	Eles/as alugaram	Eles/as andaram

Começar	**Convidar**	**Conversar**	**Doar**
Eu comecei	Eu convidei	Eu conversei	Eu doei
Você começou	Você convidou	Você conversou	Você doou
Ele/a começou	Ele/a convidou	Ele/a conversou	Ele/a doou
Nós começamos	Nós convidamos	Nós conversamos	Nós doamos
Vocês começaram	Vocês convidaram	Vocês conversaram	Vocês doaram
Eles/as começaram	Eles/as convidaram	Eles/as conversaram	Eles/as doaram

Explicar	**Falar**	**Gastar**	**Gostar**
Eu expliquei	Eu falei	Eu gastei	Eu gostei
Você explicou	Você falou	Você gastou	Você gostou
Ele/a explicou	Ele/a falou	Ele/a gastou	Ele/a gostou
Nós explicamos	Nós falamos	Nós gastamos	Nós gostamos
Vocês explicaram	Vocês falaram	Vocês gastaram	Vocês gostaram
Eles/as explicaram	Eles/as falaram	Eles/as gastaram	Eles/as gostaram

Jantar	**Levantar-se**	**Mandar**	**Solucionar**
Eu jantei	Eu me levantei	Eu mandei	Eu solucionei
Você jantou	Você se levantou	Você mandou	Você solucionou
Ele/a jantou	Ele/a se levantou	Ele/a mandou	Ele/a solucionou
Nós jantamos	Nós nos levantamos	Nós mandamos	Nós solucionamos
Vocês jantaram	Vocês se levantaram	Vocês mandaram	Vocês solucionaram
Eles/as jantaram	Eles se levantaram	Eles/as mandaram	Eles/as solucionaram

ER - IR

Beber	Comer	Conhecer	Correr
Eu bebi Você bebeu Ele/a bebeu Nós bebemos Vocês beberam Eles/as beberam	Eu comi Você comeu Ele/a comeu Nós comemos Vocês comeram Eles/as comeram	Eu conheci Você conheceu Ele/a conheceu Nós conhecemos Vocês conheceram Eles/as conheceram	Eu corri Você correu Ele/a correu Nós corremos Vocês correram Eles/as correram

Saber	Vencer	Vender	Ver
Eu soube Você soube Ele/a soube Nós soubemos Vocês souberam Eles/as souberam	Eu venci Você venceu Ele/a venceu Nós vencemos Vocês venceram Eles/as venceram	Eu vendi Você vendeu Ele/a vendeu Nós vendemos Vocês venderam Eles/as venderam	Eu vi Você viu Ele/a viu Nós vimos Vocês viram Eles/as viram

Viver	Dirigir	Dormir	Ir
Eu vivi Você viveu Ele/a viveu Nós vivemos Vocês viveram Eles/as viveram	Eu dirigi Você dirigiu Ele/a dirigiu Nós dirigimos Vocês dirigiram Eles/ as dirigiram	Eu dormi Você dormiu Ele/a dormiu Nós dormimos Vocês dormiram Eles/as dormiram	Eu fui Você foi Ele/a foi Nós fomos Vocês foram Eles/as foram

Ouvir	Partir	Pedir	Vir
Eu ouvi Você ouviu Ele/a ouviu Nós ouvimos Vocês ouviram Eles/as ouviram	Eu parti Você partiu Ele/a partiu Nós partimos Vocês partiram Eles/as partiram	Eu pedi Você pediu Ele/a pediu Nós pedimos Vocês pediram Eles/as pediram	Eu vim Você veio Ele/a veio Nós viemos Vocês vieram Eles/as vieram

AR- ER - IR

Estar	Jogar	Dizer	Fazer
Eu estive	Eu joguei	Eu disse	Eu fiz
Você esteve	Você jogou	Você disse	Você fez
Ele/ela esteve	Ele/ela jogou	Ele/ela disse	Ele/ela fez
Nós estivemos	Nós jogamos	Nós dissemos	Nós fizemos
Vocês estiveram	Vocês jogaram	Vocês disseram	Vocês fizeram
Eles/elas estiveram	Eles/elas jogaram	Eles/elas disseram	Eles/elas fizeram

Nascer	Ser (same as IR)	Insistir	Sair
Eu nasci	Eu fui	Eu insisti	Eu saí
Você nasceu	Você foi	Você insistiu	Você saiu
Ele/ela nasceu	Ele/ela foi	Ele/ela insistiu	Ele/ela saiu
Nós nascemos	Nós fomos	Nós insistimos	Nós saímos
Vocês nasceram	Vocês foram	Vocês insistiram	Vocês saíram
Eles/elas nasceram	Eles/elas foram	Eles/elas insistiram	Eles/elas saíram

Exercícios

1) Complete os espaços com o verbo entre parênteses, no passado simples.

a) Eu.................................com Ana no sábado passado. (almoçar)
b) Pedro.................................com Rita sobre você. (falar)
c) Com quem ele.................................? (conversar)
d) Você não.................................com ele? (reclamar)
e) Quem.................................o campeonato? (vencer)
f) Fátima.................................cedo no domingo. (dormir)

2) Responda:

a) Com quem eles jantaram ontem? ....
b) De quem você não gostou?..................................
c) Quem você viu no ônibus?..................................
d) Onde você viveu sua infância?..................................
e) Quando você nasceu?..................................
f) O que você fez no domingo à tarde?..................................

3) Faça a pergunta:
a)_____?
   Eu saí de casa às 3h.
b)_____?
   Eu estive com Paulo no domingo passado.
c)_____?
   Nós não jogamos futebol, porque choveu o dia todo.
d)_____?
   Sim, eu sempre fui uma pessoa muito feliz.

DIA A DIA
Edinaldo E. Santo

Exercícios:

1) Responda:

a) Você trabalhou na semana passada? ....
b) Aonde você foi ontem?..
c) Com quem Ana falou no domingo?...
d) Eles ficaram em casa na segunda?...
e) O que Paula fez na terça-feira passada?...
f) Quem você viu no cinema?..

2) Complete os espaços com o verbo entre parênteses no passado simples.

Ontem eu _____(ir) ao cinema com minha irmã. Nós_____(ir) assistir a uma comédia. Minha irmã_____(gostar) muito do filme, mas eu não_____(gostar) muito. Depois do cinema, eu e minha irmã_____(ir) a uma lanchonete. Minha irmã _____(pedir) um chá e um cachorro-quente. Quando ela_____(terminar), nós _____(sair) da lanchonete e _____(ver) um acidente . Uma moto_____ (atropelar) uma velhinha e ela_____(morrer) no local. Minha irmã_____(ficar) muito triste e chocada. Eu também_____(ficar) muito triste.

3) Faça a pergunta:

a)_____?
 Eu fui **ao cinema**.
b)_____?
 Eu fui ao cinema **com minha prima Joana**.
c)_____?
 Nós vimos **uma comédia**.
d)_____?
 O ingresso custou **dez reais cada**.
e)_____?
 Sim, minha irmã gostou muito do filme.
f)_____?
 O que eu fiz depois do filme? Bom, eu fui a uma lanchonete.

4) Coloque os verbos abaixo no passado simples, na primeira pessoa do singular e do plural.

a) quebrar_____ b) falar_____ c) sair_____

d) ouvir_____ e) beber_____ f) entender_____

g) ganhar_____ h) perder_____ i) achar_____

j) fazer_____ k) dizer_____ l) convencer_____

m) nadar_____ n) apostar_____ o) dormir_____

p) andar_____ q) levar_____ r) trazer_____

DIA A DIA
Edinaldo E. Santo

Quando?/ Em que dia?/ Em que mês?/ Em que ano?

Quando você nasceu? Eu nasci **em** outubro.
Em que dia você nasceu? Eu nasci **no dia** vinte e três **de** março.
Em que mês você nasceu? Eu nasci **em** abril./ **no mês de** abril.
Em que ano ele nasceu? Ele nasceu **em** 1930./ **no ano de** 1930.
Quando ele nasceu? Ele nasceu **no dia** três **de** maio **de** 1928.

Vamos praticar.

1) **Responda:**

Quando você nasceu? Eu nasci _____

Quando Iggy nasceu? Iggy nasceu _____

Quando Simone nasceu? Simone _____

Quando ele nasceu? Ele _____

Quando Ana nasceu? Ana nasceu no _____

Quando você nasceu? Eu nasci no _____

Quando Marta nasceu? Marta nasceu _____

2) **Complete os espaços.**

a) Eu nasci_____maio e meu irmão Felipe nasceu _____ mês _____abril.

b) Ela nasceu_____1980 e ele nasceu _____ano _____1982.

c) Ana nasceu _____ dia 25 ____ julho e Pedro, _____ dia 25 _____agosto.

d) Eu nasci_____ dia 04 _____ abril_____1979.

e) Rita nasceu _____ _____ _____ _____ _____ _____ 1970.

3) **Siga o modelo:** Você nasceu em setembro? –Não, nasci **no mês de** outubro.

a) Paulo nasceu em 1970?_____
b) Eles nasceram em maio?_____
c) Patrícia nasceu no dia 04?_____
d) Eduardo nasceu em 82?_____

DIA A DIA
Edinaldo E. Santo

11

Exercícios

1) Faça uma lista de 10 coisas que você geralmente coloca na sua mala quando viaja.

1. .... 2 ....
3. .... 4. ....
5. .... 6. ....
7. .... 8. ....
9. .... 10. ....

Leia o texto e complete

2) Você está escrevendo para um amigo falando sobre o seu fim de semana na fazenda do seu tio Ronaldo. Olhe os desenhos e complete os espaços com o que está faltando.

No……………………………..passado eu fui visitar meu………………..

Ele mora em uma fazenda em Minas, onde há muitos animais. Logo que cheguei à fazenda, fui dar uma volta de…………………..

Depois meu tio pediu para eu dar de comer às……………….

e coletar os………………..

Na fazenda do meu tio há muitas……………

e muitas……………

Há um lago imenso com muitos……………………. onde eu pesquei no sábado à

tarde. Mas também há muitas………………..no lago e muitas……………..

No domingo, enquanto colhia flores no jardim, vi um formigueiro com

muitas…………………….Elas eram imensas.

Meu tio tem um ……………....……muito lindo que se chama Pingo.
O Pingo é muito inteligente e muito divertido. Diverti-me muito no final de semana, na fazenda do meu tio.

DIA A DIA
Edinaldo E. Santo

Antônimos – são palavras com sentidos contrários, ou seja, são opostos.

Exemplo: **Bonito** é antônimo de **feio**.
         Alegre é antônimo de **triste**.

Outros antônimos

doce/amargo   bom/mau   antes/depois
sempre/nunca   felizmente/infelizmente cheio/vazio
dia/noite   certeza/incerteza   pouco/muito
pequeno/grande   longe/perto   certo/errado

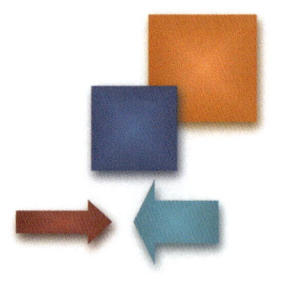

Ex ercícios

1) Encontre os antônimos entre as palavras abaixo.

| felicidade | alegria | forte | magro | fino | mentira | molhado | quente | pequeno |

| fraco | infelicidade | tristeza | grosso | verdade | gordo | frio | grande | seco |

2) Dê o antônimo das frases abaixo:

a) Eu te **amo** = _____ (amar/odiar)
b) Ele chegou **por último** = _____ (último/primeiro)
c) O aluno foi **aprovado** = _____ (aprovar/reprovar)
d) O menino **despiu-se** = _____ (despir/vestir)

3) Relacione os antônimos:

a) amor   ( ) mau
b) fraco   ( ) vestir
c) despir   ( ) último
d) conhecimento   ( ) ódio
e) esquecer   ( ) lembrar
f) primeiro   ( ) fechado
g) longe   ( ) forte
h) bom   ( ) ignorância
i) aberto   ( ) perto

DIA A DIA
Edinaldo E. Santo

13

O Ursinho Brian Brown não gosta de tomar banho, escovar os dentes ou lavar as mãos. Escreva um pequeno texto contando o que aconteceu e se no final ele tomou banho.

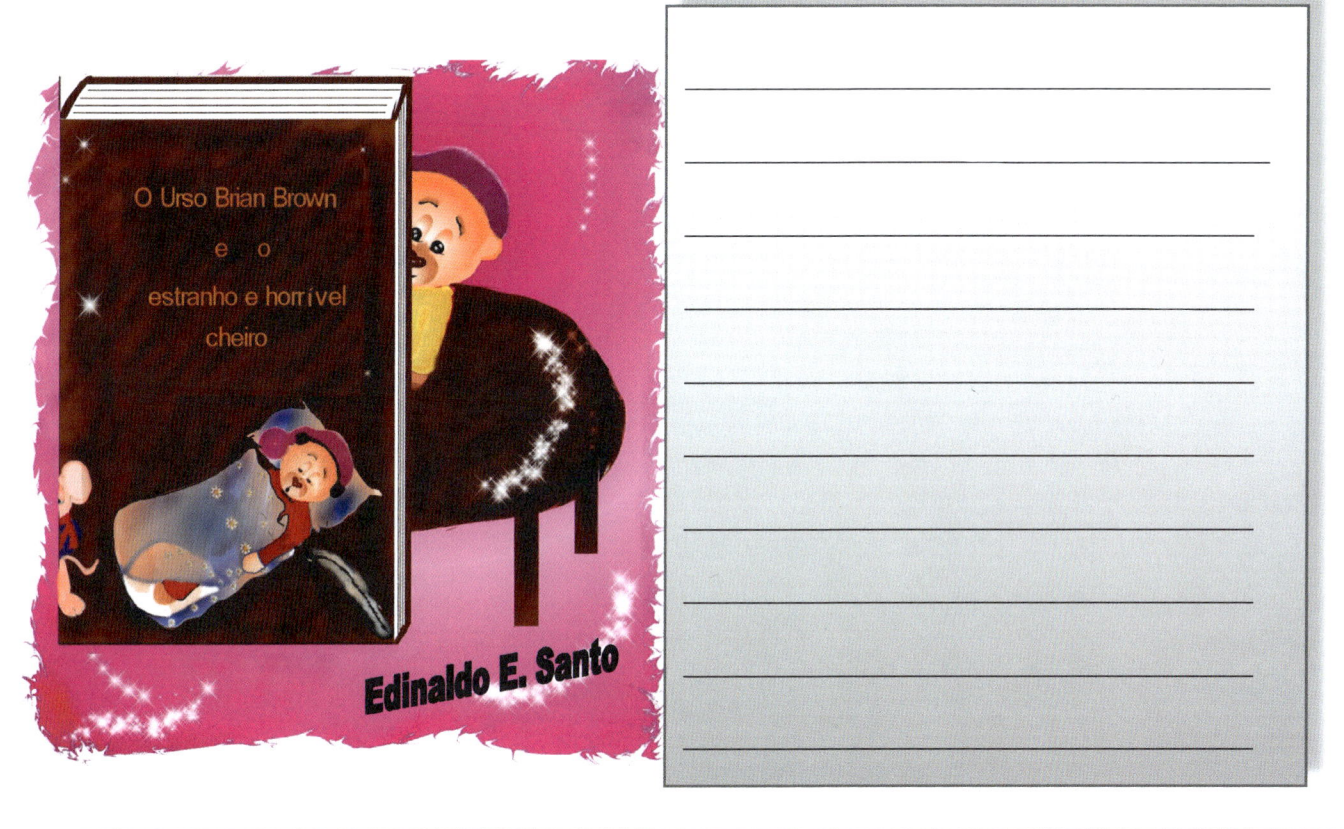

_____
_____
_____
_____
_____
_____
_____
_____
_____
_____
_____

Olhe o desenho abaixo, use sua imaginação e responda às perguntas:

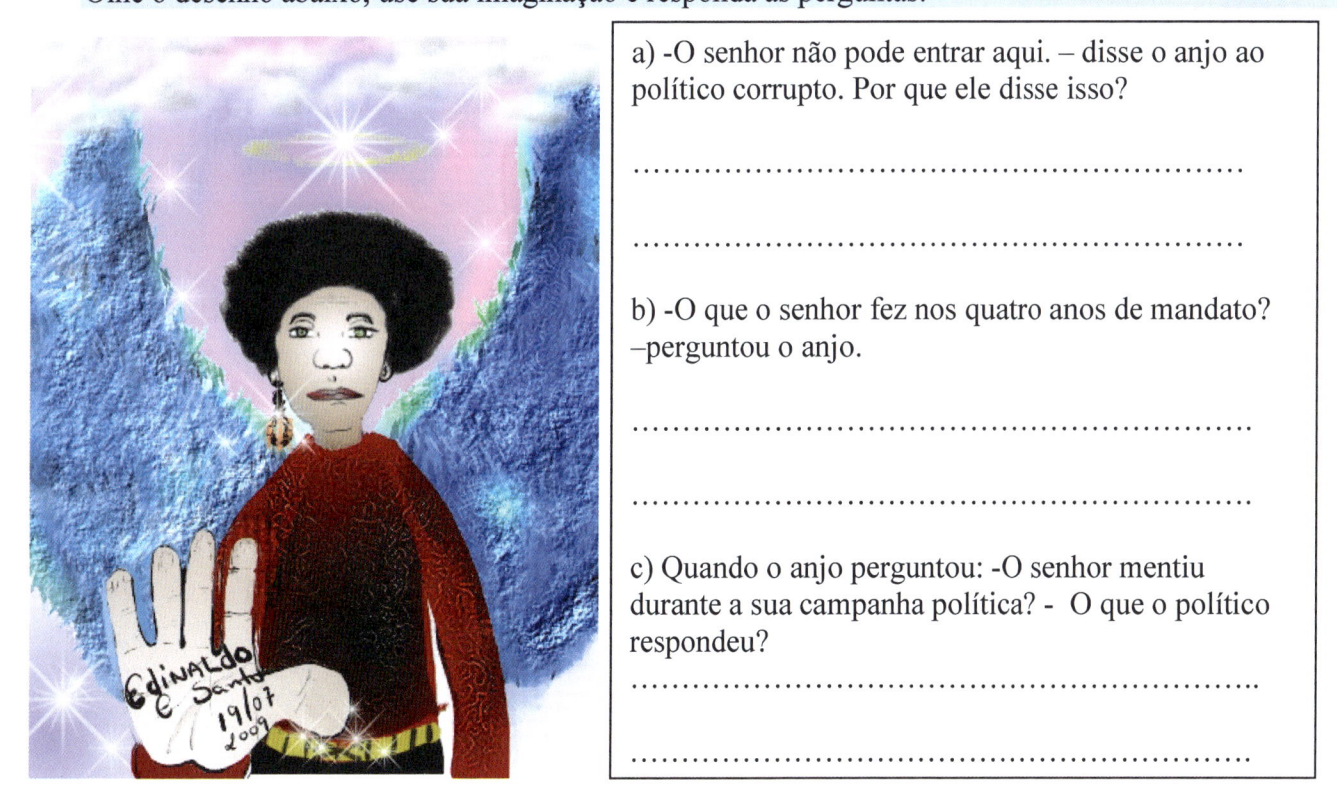

a) -O senhor não pode entrar aqui. – disse o anjo ao político corrupto. Por que ele disse isso?

....

....

b) -O que o senhor fez nos quatro anos de mandato? –perguntou o anjo.

....

....

c) Quando o anjo perguntou: -O senhor mentiu durante a sua campanha política? - O que o político respondeu?

....

....

DIA A DIA
Edinaldo E. Santo

1) Siga o modelo, usando as palavras NUNCA/MAS/E.

Ex: Ela **nunca** foi à Itália, **mas** vai no ano que vem **e** vai ficar em um hotel.

a)……………………………………………………………………………………………………
(estudar…….viajar)

b)……………………………………………………………………………………………………
(trabalhar…..ganhar)

c)……………………………………………………………………………………………………
(comer………..gostar)

d)……………………………………………………………………………………………………
(jogar …......conhecer)

2) Traduza:

a) Last year I went to Brazil to visit friends. …………………………………………………………..

b) I travelled to Rio de Janeiro………………………………………………………………………….

c) I stayed at Paulo's house for a few days……………………………………………………………

d) He showed me the city and I loved it………………………………………………………………..

e) Then I went to Bahia to meet Maria………………………………………………………………...

f) She taught me some Portuguese……………………………………………………………………

g) and introduced me to her friends……………………………………………………………………

3) Complete com a preposição adequada: com/ de/ para / à/ em/ etc.

a) Ana conversa_____Paula todo fim de semana. Elas vão _____ academia juntas.
b) Ele gosta_____vinho tinto _____carne e ela_____vinho branco _____peixe.
c) Ele acreditou_____mim. Por que você não acredita?
d) Nós estudamos_____casa e os meninos estudaram _____escola.
e) Eu vou ao Brasil_____semana que vem._____Brasil, eu vou _____Porto Seguro.
f) Eles sempre viajaram_____avião, mas agora estão viajando_____trem.
g) Eu já fui_____Japão, _____Rússia, _____Portugal e_____Canadá.
h) Fiquei _____pena de Marquinhos, porque ele caiu_____bicicleta e se machucou.

DIA A DIA
Edinaldo E. Santo

Preposição

On: em cima de	-	O copo está **em cima da** mesa.
Next to: perto de	-	O caderno está **perto do** livro.
Behind: atrás de	-	A meia está **atrás do** sofá.
In the middle of: no meio de	-	A menina está **no meio da** rua.
Under: embaixo de	-	O mecânico está **embaixo do** carro.
Far from: longe de	-	O aluno está **longe da** escola.

Exercícios

1) Use a preposição correta:

a) O livro está _____ mesa. (under)
b) O lápis está _____ copo. (behind)
c) As chaves estão _____ computador. (next to)
d) Os sapatos estão _____ sofá. (on)
e) O papel está _____ livro. (far from)

2) Use a preposição correta, de acordo com a foto:

a) O policial está _____ cavalo.
b) A loja está _____ cavalo.
c) O cavalo está _____ rua.
d) O motorista está _____ cavalo.
e) O cavalo está _____ dois carros. (between)

3) Responda:

a) As crianças estão **perto do** rio?

b) Seu tio está **longe de** casa?

c) Seu cachorro está **embaixo da** mesa?

d) Seu amigo está no **meio da** rua?

e) Quem está **atrás da** porta?

f) O copo está **entre** o garfo e o prato?

DIA A DIA
Edinaldo E. Santo

Revisão

1) Use os pronomes e advérbios interrogativos abaixo e faça frases, usando apenas o passado simples.

Quem? _____ (beber)
Com quem? _____ (morar)
De quem? _____ (falar)

Quando? _____ (comprar)

Onde? _____ (colocar)
Aonde? _____ (ir)
De onde? _____ (vir)
Para onde _____ (viajar)

A que horas? _____ (começar)
Em que dia? _____ (escrever)
Em que mês? _____ (quebrar)
Em que ano? _____ (vencer)

Por que? _____ (comer)

Como? _____ (cozinhar)

2) Responda:

a) De onde ele é?_____
b) Onde está minha mochila?_____
c) Como está o tempo hoje?_____
d) Quando é o seu aniversário?_____

e) Com quem eles estão conversando? _____
f) De quem eles estão falando?_____
g) Quem está falando com Antônio?_____
h) Onde eles estão morando?_____

i) Em que dia você nasceu?_____
j) Em que mês ele se aposentou?_____
k) Em que ano ele venceu as eleições?_____
l) Quando ela se casou?_____

m) Em que dia Marcos vai chegar?_____
n) Aonde vocês vão amanhã?_____
o) Para onde eles vão viajar nas férias?_____
p) O que ela vai fazer?_____

q) Por que vocês não virão à festa?_____
r) O que nós faremos no domingo?_____
s) A que horas você jantará?_____
t) Onde eles viverão?_____

DIA A DIA
Edinaldo E. Santo

3) Passe as sentenças abaixo para o presente contínuo.

a) Eu vou ao cinema todo os dias. _____
b) Paula almoça tarde toda terça. _____
c) Eles estudam francês todo sábado. _____
d) Nós nadamos toda semana. _____

4) Responda às perguntas:

a) O que você está assistindo na tv? _____
b) Quem está falando com Fátima? _____
c) Por que ela está dormindo até tarde? _____
d) Quem você está vendo na rua? _____
e) Com quem você está saindo? _____
f) O que você está lendo? _____
g) Quem está cantando? _____
h) Por que ela está comendo novamente? _____
i) Onde ele está estudando? _____
j) Quem está reclamando do barulho? _____
k) O que Eva está bebendo? _____
l) Você está bebendo vinho? _____

5) Complete os espaços (Futuro)

a) Na semana que vem eu _____ (to go) ao cinema com minha amiga Fátima. Antes do cinema, no entanto, nós _____ a um restaurante.

b) No ano que vem eu _____ (to travel) à Espanha. Não _____ sozinho, Ana _____ comigo.

c) No próximo domingo eu não _____ (to stay) em casa. Eu _____ (to go out) com meus amigos. Nós _____ (to go) ao cinema.

d) No próximo fim de semana eu e meus irmãos _____ (to go) à praia. Nós _____ (to leave) de casa bem cedo.

6) Passe do presente para o presente contínuo e para o futuro.
a) Eu estudo todos os dias. _____
b) Eu durmo cedo aos domingos. _____
c) Elas almoçam juntas durante a semana. _____
d) Ele trabalha em um banco. _____
e) Beatriz come muito chocolate. _____
f) Você fala muito palavrão. _____
g) Ele viaja todo ano. _____
h) Nós saimos no fim de semana. _____

18

DIA A DIA
Edinaldo E. Santo

O CORPO HUMANO

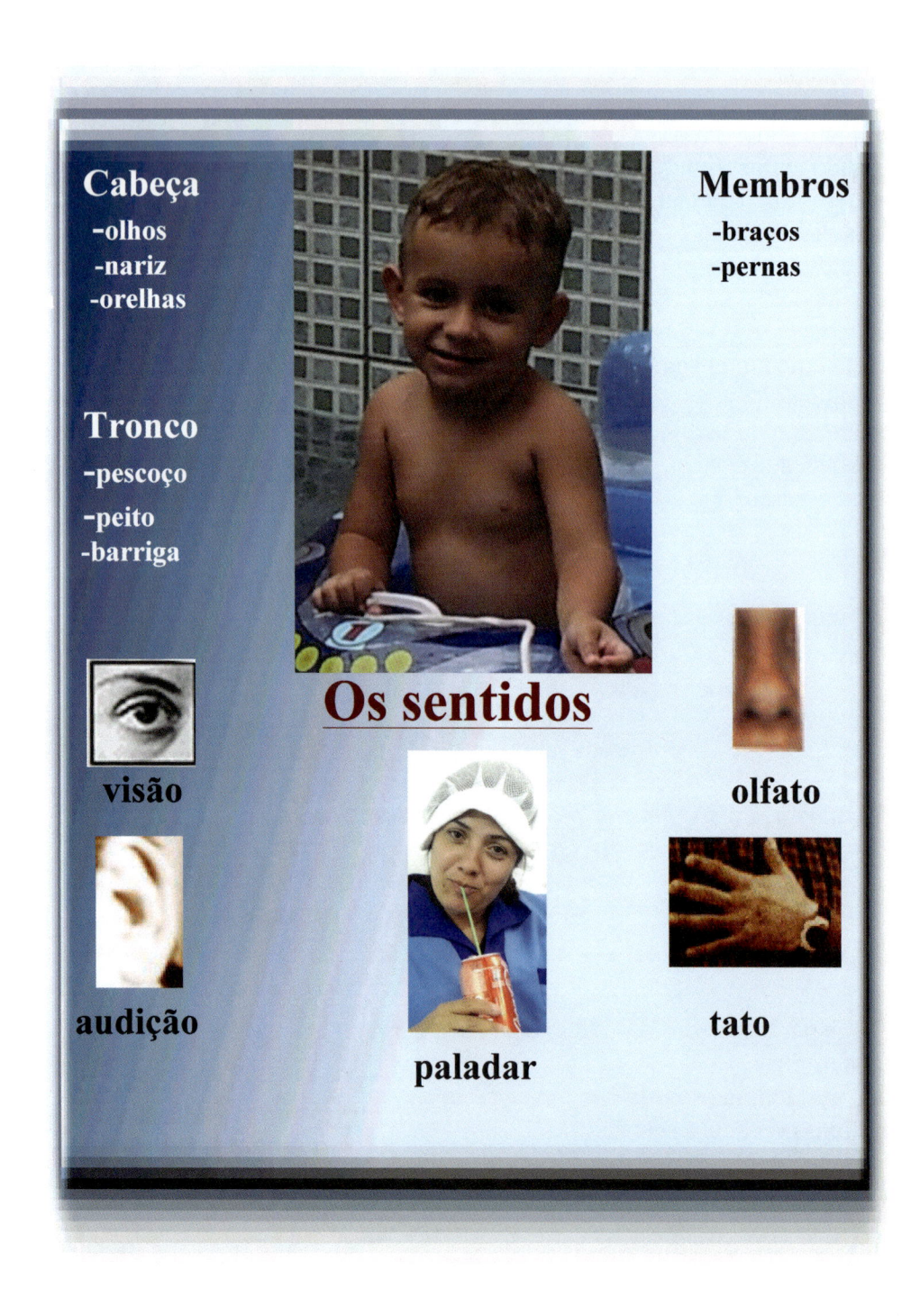

Cabeça
-olhos
-nariz
-orelhas

Tronco
-pescoço
-peito
-barriga

Membros
-braços
-pernas

Os sentidos

visão

audição

paladar

olfato

tato

DIA A DIA
Edinaldo E. Santo

Cabeça

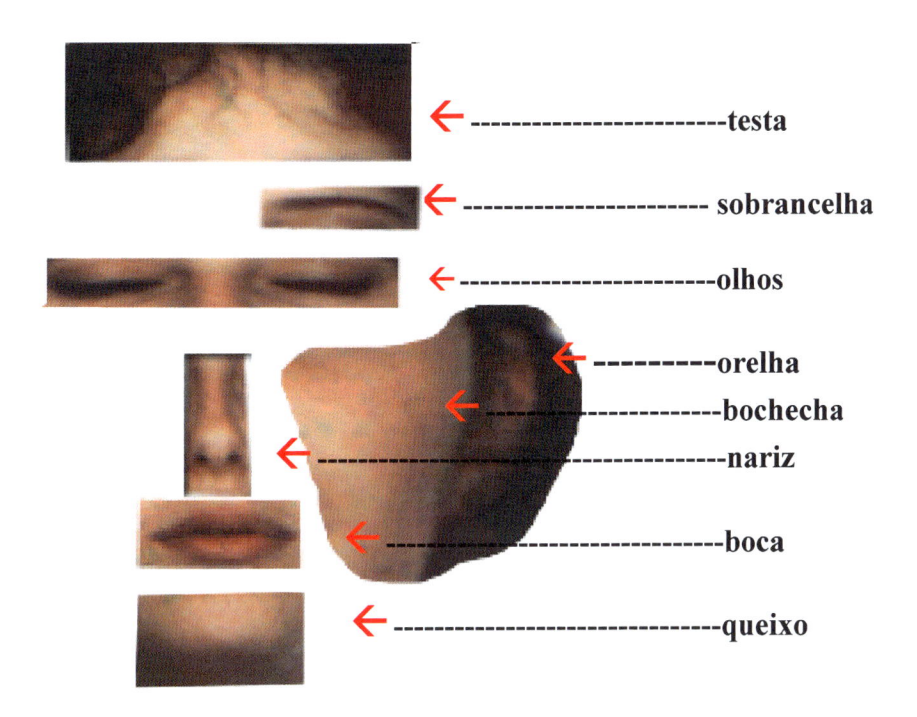

← ----------------------- testa

← ----------------------- sobrancelha

← ----------------------- olhos

← ----------------------- orelha
← ----------------------- bochecha
← ----------------------- nariz

← ----------------------- boca

← ----------------------- queixo

Tronco e Membros

← ------- pescoço

← -------- ombro

← -------- braço

← --------------------- mão

← ------ perna

← ----- mão

← ----------- cotovelo

← ------ joelho

← -------- pé

Exercícios

1) Dê o nome correto para as partes abaixo:

a) _____   b) _____   c) _____

d) _____   e) _____

2) Siga o modelo:

Eu escovo os dentes todos os dias– (Eles) Eles escovam os dentes todos os dias.

a) Eu penteio os cabelos toda noite _____(ela)
b) Eu lavo as mãos toda hora. _____(nós)
c) Eu limpo o ouvido todo dia._____(eles)
d) Eu enxugo meus pés após o banho._____(você)
e) Eu limpo as unhas toda semana. _____(elas)

3) Reescreva as frases abaixo trocando direito(a)/esquerdo(a), de acordo com a frase.

a) Estou com dor na mão esquerda._____
b) Machuquei o pé esquerdo. _____
c) Cortei meu joelho direito._____
d) Queimei meu ombro direito._____
e) Marta cortou o dedo direito. _____
f) Ela queimou a perna esquerda._____

4) Responda:

a) Por que Ana está chorando? _____
b) Quando ele machucou o pé? _____
c) Onde ele cortou a mão? _____
d) Por que elas estão chorando?_____

DIA A DIA
Edinaldo E. Santo

DITADO

_____
_____
_____
_____
_____
_____
_____

2) Você está escrevendo um email para Paula, sua melhor amiga, contando o que fez na semana passada. Escreva pelo menos cinquenta palavras.

_____
_____
_____
_____
_____
_____
_____
_____
_____
_____
_____

DIA A DIA
Edinaldo E. Santo

Fotos para discussão e/ ou redação.

1) Comente e/ou escreva sobre as duas fotos acima, comparando-as.

....
....
....
....
....
....
....
....

DIA A DIA
Edinaldo E. Santo

23

1) Você viajou para o Uruguai no ano passado com a família/amigos. Observe as fotos abaixo e diga com quem você viajou, onde ficou, o que fez, o que achou das pessoas, lugares que visitou, quantos dias ficou, etc.

....
....
....
....
....
....
....
....

DIA A DIA
Edinaldo E. Santo

2) Você foi a um casamento no Brasil. Comente como foi a cerimônia. Use as informações abaixo para contar o que aconteceu.

a) O casamento aconteceu no mês de janeiro.
b) Cada noivo teve quatro casais de padrinhos.
c) A recepção foi em um salão.
d) Os noivos se casaram em São Paulo.
e) Os pais dos noivos choraram.
f) Os jovens dançaram durante a festa.
g) O noivo não fez um discurso.
h) Os convidados comeram e beberam.
i) Os noivos não tiveram despedida de solteiro.
j) O casal viajou depois da festa para a Lua de mel.

....
....
....
....
....
....
....
....

1 Goldhawk road – W12 8QQ   -   07976 450 225

London Lessons — Learning with confidence

Assessment 4 – Level Three (books 1 to 4)

Part One: 1) **Conte a seguinte estória:** You went out last night with some friends. You drank, danced and met your friend's friends. You had a wonderful night and arrived home late. One of your friends drove you home and next day you woke up late for work and with a hangover.

2) **Traduza as frases abaixo. (pretérito perfeito)**:

a) I had dinner with Angela and Bia last night ………………………………………………………………………………………

b) They arrived late at the party ……………………………………………………………………………………………………

c) We didn't eat, but Paul ate a lot………………………………………………………………………………………………………

3) **Passe as frases do presente contínuo para o passado**:

a) Eu estou cantando……………………………….. b) Ela está dormindo…………………………………….

c) Eles não estão jogando…………………………………. d) Você está falando………………………….

Part Two: Responda às perguntas do professor: - Presente, presente contínuo, futuro e passado.

Part Three: Escute a gravação/ o professor e faça três perguntas:

Part Four: Diga o que aconteceu e o que está acontecendo na foto ao lado.

Part One……………………
Part Two……………………
Part Three…………………..
Part four……………………
Final Mark:…………………

DIA A DIA
Edinaldo E. Santo

The Author:

Edinaldo do Espírito Santo was born in São Paulo – Brazil in April, 1970.

He got a degree in Languages in 1994, but started teaching Portuguese and English at the age of 23 in 1993.

In 1996 he went to the USA to improve his English at Florida International University and in 1998 he came to England for the first time, living in London for five months.
When he returned to Brazil, he went back to the classroom and taught for another year, but in 2000 he decided to return to England.

Thirteen years later (2013) and he is still living in London. In june 2011, at the age of 41, he founded his own company called London Lessons Ltd, where he teaches Brazilian Portuguese to English and foreigners. Plans for 2014 include expanding his business to teach English, Italian, Spanish and other languages.

He started teaching Portuguese in London in October 2000, when he worked at International House in Green Park. From 2001 he worked for several colleges around London such as North Kingston Centre, Cranford Adult Education and Lambeth College, to mention a few and has worked and works for big organizations as a translator, proof-reader, interpreter or teacher for their employees. 'Foreign & Commonwealth Office, The French Embassy, Total, Flamingo, Aldelia, Gramafilm, BBC, Petrobrás, The Brazilian Defence Forces and many others.

He spends most of his time teaching, writing, drawing and trying to learn how to play the guitar.
Technology is also a great part of his life and everything he does, in one way or another involves a computer and the Internet.

Since 1998 he has written 12 grammar books to teach Portuguese to foreigners, which he has been using with a great rate of success with students between the ages of 14 and 89. This book has the first four books published in 2013 in one book. The others will follow soon, as part of a whole course.

Other books by the same author: 'First Friend' and 'Brian Brown Bear and the Strange Horrid Smell'. Both are children's picture books published in English and in Portuguese, available in paperback and e-book and DIA A DIA, volume 2, available in paperback and e-book.

> *The purpose of these 4 books is not perfection, but a great aid to help anyone to learn Brazilian Portuguese in a fast and fun way. If used by a teacher they should add extra-information to make lessons more interesting and towards to the learner needs.

Printed in Great Britain
by Amazon.co.uk, Ltd.,
Marston Gate.